Margund Hinz

Die Geschichte des Sprachheilwesens in Ostpreußen

Von den Anfängen bis 1945

D1375039

FRIELING

Die Schreibweise in diesem Buch entspricht den Regeln
der alten Rechtschreibung.

Bibliografische Information der Deutschen Bibliothek
Die Deutsche Bibliothek verzeichnet diese Publikation in der Deut-
schen Nationalbibliografie; detaillierte bibliografische Daten sind im
Internet über http://dnb.ddb.de abrufbar.

© Frieling-Verlag Berlin
Telefon: 0 30 / 76 69 99-0
www.frieling.de

ISBN 3-8280-2134-4
1. Auflage 2005
Umschlaggestaltung: Michael Beautemps
Sämtliche Rechte vorbehalten
Printed in Germany

Inhaltsverzeichnis

Einleitung

Gegenstand der Arbeit ist die Entstehung und Entwicklung des Sprachheilwesens in Ostpreußen von den Anfängen bis 1945. Ausgegangen wird von einem Überblick zur Geschichte dieser preußischen Provinz mit markanten Daten und Ereignissen, geographischen und landeskundlichen Angaben sowie der Verwaltungsstruktur, soweit diese für das Verständnis des in der Arbeit Dokumentierten bedeutsam sind. Im ersten Kapitel werden des weiteren das allgemeine Schulwesen, das Taubstummenbildungswesen und das Hilfsschulwesen beleuchtet, immer unter dem Aspekt der Bedeutung für das sich entwickelnde Sprachheilwesen. Im Mittelpunkt steht dabei die Provinzhauptstadt Königsberg.

Im zweiten Kapitel soll auf medizinische Forschungsarbeiten und Untersuchungen, die wichtig für die sprachheilpädagogische Arbeit erscheinen, umfassend eingegangen werden. Hierbei wird im Einzelfall (z.B. zur Aphasie) versucht, die Rezeption der wissenschaftlichen Veröffentlichung in ihrer Zeit einzubeziehen und in Zusammenfassungen exemplarisch Bezüge zur Gegenwart (Aphasieklassifikation und Formantentheorie) herzustellen. Außerdem soll im Unterkapitel 2.4 das Ineinandergreifen von medizinischer und pädagogischer Sprachheilarbeit dargestellt werden. Abschließend werden die für das Sprachheilwesen bedeutsamen medizinischen Institutionen erfaßt.

Im dritten, dem Hauptkapitel, ist die Entstehung und Entwicklung der pädagogischen Sprachheilarbeit in Ostpreußen nachgezeichnet. Alle auffindbaren Angaben zu didaktisch-therapeutischen Methoden, Lehrmaterialien, pädagogisch-medizinischen Denkweisen, Organisationsformen u.a. werden dabei erfaßt.

Im vierten Kapitel soll die Lehrerbildung betrachtet werden.

In allen Kapiteln wird versucht, die wesentlich erscheinenden biographisch-personalen Daten von Initiatoren und Ausführenden der Sprachheilarbeit einzubeziehen sowie die Einflüsse pädagogischer Zeitströmungen auf ihr Denken und didaktisch-methodisches Vorgehen zu erhellen.

Die Arbeit ist eine Dokumentation und die Vorgehensweise chronologisch. Alle in den Originalquellen zum Thema gefundenen Informationen wissenschaftstheoretischer, schulpraktischer und -organisatorischer, konzeptioneller, institutioneller, administrativer und bildungspolitischer Art sind in die Darstellung aufgenommen. Dadurch wird angestrebt, die Entwicklung des Sprachheilwesens in Ostpreußen möglichst geschlossen, sachbezogen, vielschichtig und problemorientiert zu dokumentieren. Die Diktion der Quellentexte wird weitestgehend gewahrt, die Termini sind den Originalen entnommen, z.B. Schlechtsprecher, Sprechfehler, Sprechheilkurs, Sprachgebrechen und sprachkrank; schwachbegabt, schwachbefähigt, schwachsinnig, Idiotenanstalt u.a.

Herangezogen werden alle ermittelten Quellenbelege der unterschiedlichsten Art wie medizinischer und pädagogischer Fachbeitrag, Lehrwerk, Schulprogramm, Reglement, Festschrift, Verwaltungsbericht, Chronik, Adreßbuch, Zeitungsinserat u.a. Notizen, Kurzmeldungen, amtliche Verfügungen, die ohne Verfasser und Titel abgedruckt sind, werden unter Angabe der Quelle – z.B. Lehrerzeitung für Ost- und Westpreußen 33 (1902), 211-212 – zitiert und in das Literaturverzeichnis aufgenommen. Umfassend recherchiert worden ist in: den Adreß- und Einwohnerbüchern der Stadt Königsberg von 1850 bis zu der letzten Ausgabe 1941, der Lehrerzeitung für Ost- und Westpreußen von 1901 bis 1932, ausgewählten Archivalien des Geheimen Staatsarchivs Preußischer Kulturbesitz Berlin-Dahlem, z.B. den Verhandlungen des Provinzial-Landtages der Provinz Ostpreußen von 1888 bis 1933. Ferner sind in die Quellensuche folgende Fachzeitschriften einbezogen worden: Die Kinderfehler, Die Hilfsschule, Die deutsche Sonderschule, Medizinisch-pädagogische Monatsschrift für die gesamte Sprachheilkunde und andere Fachzeitschriften in Einzelausgaben.

In der Arbeit werden für die Medizinisch-pädagogische Monatsschrift für die gesamte Sprachheilkunde die Abkürzung MPM und für eine in Hamburg lebende Zeitzeugin das Kürzel Frau K. verwendet.

Die Durchsicht von Beständen in polnischen und russischen Archiven sowie die Darstellung des Sprachheilwesens im heutigen Kaliningrad stehen für die Verfasserin aufgrund des erschwerten Zuganges noch aus. Eine lückenlose Darstellung ist wegen der erheblichen kriegsbedingten Quellenverluste nicht möglich. Die recherchierten Quellen befinden sich an einer Vielzahl von Standorten und sind teilweise schlecht erschlossen.

1. Die Entwicklung Ostpreußens

1.1 Überblick über die Geschichte der Provinz Ostpreußen von ihrer Gründung bis 1946

1815 wird das preußische Staatsgebiet nach der Verordnung über die verbesserte Einrichtung der Provinzbehörden (vom 30. April 1815) in zehn Provinzen und 25 Regierungsbezirke eingeteilt. Die Provinzen Ostpreußen und Westpreußen entstehen. Durch das Gesetz über die Anordnung der Provinzialstände vom 5. Juni 1823 werden in den Provinzen Provinziallandtage geschaffen, die der Selbstverwaltung dienen. Sie sind zugleich für die Angelegenheiten zuständig, die ihnen König Friedrich Wilhelm III. (1770-1840) zuweist. Durch die Vereinigung der Oberpräsidien von Ost- und Westpreußen in der Hand des Oberpräsidenten Theodor von Schön (1773-1856) sind die beiden Provinzen seit 1824 zusammengeschlossen. Daraus wird durch Kabinettsorder vom 3. Dezember 1829 die Provinz Preußen geschaffen. 1878 bildet Preußen aus seiner Provinz Preußen erneut die Provinzen Ost- und Westpreußen. Königsberg, Gumbinnen und Allenstein sind die Regierungsbezirke der Provinz Ostpreußen. Die Provinzialhauptstadt ist Königsberg. Mit 36.998,75 Quadratkilometern ist Ostpreußen die drittgrößte Provinz von Preußen (vgl. Gornig 1995, 58-61).

In der Zeit von 1871 bis 1910 steigt die Bevölkerungszahl im Deutschen Reich um 58,1 Prozent, in Ostpreußen dagegen nur um 13,2 Prozent (vgl. Boockmann 1992, 367). Im gleichen Zeitraum wandern aus Ost- und Westpreußen 1.303.000 Menschen in die Industriezentren, u.a. nach Berlin, Sachsen und in das Ruhrgebiet ab (vgl. Gause 1966, 73). Ostpreußen wird von der Industrialisierung nur in einem geringen Ausmaß erreicht. Ein Anteil von 42,8 Prozent der Erwerbstätigen an der Bevölkerung im Deutschen Reich ist 1907 in der Industrie, im Handwerk und im Bergbau beschäftigt, in Ostpreußen sind es dagegen weniger als die

Hälfte davon, und zwar 20,4 Prozent (vgl. Boockmann 1992, 371). Ostpreußen ist bis auf das Ermland überwiegend evangelisch (81,5 Prozent). Das Bistum Ermland – 300 Jahre Polen unterstellt und ab 1772 wieder Preußen zugehörig – bleibt katholisch. Es umfaßt die Kreise Braunsberg, Heilsberg, Rössel und den Stadt- und Landkreis Allenstein (vgl. Barran 1994, 9-10).

Während des Ersten Weltkrieges besetzen russische Truppen Teile Ostpreußens, so die Gebiete um Tilsit, Insterburg, Gumbinnen und Lötzen. Mehr als 800.000 der 2,5 Millionen Einwohner östlich der Weichsel verlassen die Heimat, etwa 400.000 von ihnen fliehen bis über die Weichsel. Im August 1914 wird die Provinz durch die Schlacht von Tannenberg zunächst befreit, Südostpreußen jedoch im Winter 1914/15 erneut besetzt und weitgehend zerstört. Durch die Winterschlacht in Masuren im Februar 1915 ist Ostpreußen endgültig befreit. Im gleichen Jahr wird mit dem Wiederaufbau in der Provinz begonnen (vgl. Gornig 1995, 61-62). Daran beteiligen sich viele deutsche Städte, die Partnerschaften über zerstörte ostpreußische Städte übernehmen (vgl. Gause 1966, 79).

Nach dem Ende des Krieges werden die Grenzen der Provinz Ostpreußen durch den Versailler Vertrag vom 28. Juni 1919 stark verändert. Das Memelgebiet wird von Deutschland abgetrennt und unter internationale Kontrolle gestellt. Das Soldauer Gebiet und Teile der Provinz Westpreußen muß Deutschland an Polen abtreten. Aus den verbliebenen westpreußischen Gebieten, den Kreisen Elbing, Marienburg, Marienwerder, Rosenberg, Stuhm und dem Stadtkreis Elbing wird 1922 der vierte Regierungsbezirk der Provinz Ostpreußen, „Westpreußen", gebildet (vgl. Gornig, 1995, 62-66). 1923 besetzt Litauen das von den Alliierten verwaltete Memelgebiet. Im gleichen Jahr beschließt die Botschafterkonferenz, „die Souveränität über das Memelland an Litauen zu übertragen, wenn unter anderem Litauen dort eine autonome Regierung garantiere" (Gornig 1991, 45). Am 8. Mai 1924 wird in Paris die Memelkonvention zwischen Litauen und den Staaten Großbritannien, Frankreich, Italien und Japan verabschiedet. Danach bildet das Memelgebiet unter der Souveränität Litauens eine Einheit, die innerhalb der im Memelstatut umschriebenen Grenzen Autonomie genießt (vgl. Memelkonvention 1991, 200-216). Mit Wirkung des deutsch-litauischen Vertrages vom 22. März 1939 wird das Memelgebiet Bestandteil des Deutschen Reiches und „in das Land Preußen und in die Provinz Ostpreußen eingegliedert" (Schätzel, zit. nach Gornig 1991, 60).

Im Deutschen Reich beschließt der Reichstag am 23. März 1933 gegen die Stimmen der sozialdemokratischen Fraktion das Ermächtigungsgesetz. „Die Umwandlung des politischen Systems in eine Einparteien-Führerdiktatur" beginnt (Gornig 1995, 67). Die Länderregierungen werden per Gesetz (vom 30. Januar 1934) „formell der Reichsregierung untergeordnet", die Landtage aufgelöst und „die Hoheitsrechte der Länder auf das Reich übertragen" (Gornig 1995, 68). Daneben werden Gaue als regionale Organisationseinheiten der NSDAP geschaffen, die von einem Gauleiter angeführt werden.

Im Jahr 1933 leben in Ostpreußen 56,7 Prozent der Bevölkerung in Gemeinden mit weniger als 2000 Einwohnern (vgl. Brockhaus 1991, 365). Die gesamte Provinz hat 1939 2,49 Millionen Einwohner und umfaßt 36.995,67 Quadratkilometer. Die Muttersprache ist bei 97 Prozent Deutsch (vgl. Gornig 1995, 73). Königsberg, Hauptstadt sowie einzige Großstadt der Provinz, hat 1939 372.000 Einwohner. Es folgen Elbing mit 86.000 Einwohnern, Tilsit mit 58.500 Einwohnern, Allenstein mit 50.400 Einwohnern und Insterburg mit 48.700 Einwohnern (vgl. Brockhaus 1991, 365). Mehr als die Hälfte der Bevölkerung Ostpreußens flieht während der Kriegsereignisse 1944/45 vor der Roten Armee. Etwa 500.000 Ostpreußen kommen ums Leben (vgl. Boockmann 1992, 424). Im Juni 1945 leben nach Angaben von Böhm und Graw nur noch 73.000 Einwohner in Königsberg, von denen 25.000 überleben (vgl. Böhm/Graw, zit. nach Gornig 1995, 73).

In ganz Ostpreußen leben im Juni 1945 noch rund 800.000

Einwohner, d.h. zwei Drittel weniger als 1944. Zu Beginn des Jahres 1946 kommen die ersten Zivilisten aus dem Inneren der Sowjetunion in die ostpreußischen Orte. Durch das Potsdamer Abkommen vom 2. August 1945 wird – vorbehaltlich der Regelung durch einen Friedensvertrag – der nördliche Teil von Ostpreußen unter sowjetische, der südliche unter polnische Verwaltung gestellt. Durch den Erlaß des Präsidiums des Obersten Sowjets vom 7. April 1946 gliedert die UdSSR das von ihr verwaltete Gebiet in ihr Staatsgebiet ein. Im Juli 1946 wird die Stadt Königsberg in Kaliningrad umbenannt, das nördliche Ostpreußen seitdem als „Kaliningradskaja Oblast" bezeichnet. Dieses Gebiet bildet eine „administrative Einheit, die verwaltungsmäßig in die Russische Sozialistische Föderative Sowjetrepublik eingegliedert" wird (Gornig 1995, 124-125). Der Sowjetrepublik Litauen wird das Memelgebiet angegliedert. Im Herbst 1947 beginnt die Ausweisung der deutschen Bevölkerung aus dem Kaliningrader Gebiet, die bis 1949 anhält (vgl. Gornig 1995, 135).

Mit Unterzeichnung des Zwei-plus-Vier-Vertrages vom 12. September 1990 wird „der von der Potsdamer Konferenz geschaffene Zustand von allen Vertragspartnern als endgültig anerkannt" (Brockhaus 1991, 365). Seit der Auflösung der Sowjetunion 1991 gehört das Kaliningrader Gebiet zur Russischen Föderation. Das Memelgebiet ist Teil des seit 1990 unabhängigen Staates Litauen. Im Kaliningrader Gebiet leben 1992 etwa 900.000 Menschen (davon 400.000 in Kaliningrad). Dazu gehören „etwa 700.000 Russen, 80.000 Weißrussen, 65.000 Ukrainer, 20.000 Litauer, zwischen 4000 und 20.000 Deutsche, 8000 Polen sowie eine geringere Zahl von Menschen anderer Nationalitäten" (Gornig 1995, 196).

1.2 Zum Schulwesen in Ostpreußen

1.2.1 Zum allgemeinen Schulwesen

Das Königsberger Schulwesen steht im Mittelpunkt der Darstellung. Von Königsberg als Haupt- und einziger Großstadt der Provinz Ostpreußen liegen mehr und genauere Quellenangaben als von den mittleren Städten sowie den zahlreichen Landkreisen mit überwiegend ein- und zweiklassigen Schulen vor.

1867 werden in der Stadt Königsberg die 1828 gegründeten Armenschulen in Volksschulen umbenannt. Im Jahr 1868 bestehen elf Volksschulen mit 38 Klassen und 3753 Schülern. Das Vierklassensystem ist lange für die Volksschulen maßgebend. 1872 genehmigt die Königliche Regierung die Einrichtung von Volksschulen mit sechs aufsteigenden Klassen. Diese Klassenzahl wird aber noch im gleichen Jahr an vier Schulen überschritten. Die überzähligen Klassen richtet man als Parallelklassen ein. Die Schulgebäude sind dafür bald zu klein. Ab 1880 werden die Parallelklassen deshalb ausgegliedert. Sie bilden Nebenschulen mit einem Dirigenten als Leiter und stehen unter der Oberaufsicht des Hauptlehrers (Rektors) der Hauptschule. Die Nebenschulen bewähren sich jedoch nicht (vgl. Tromnau 1908, 170-175). Im Jahr 1878, als aus der Provinz Preußen wieder die Provinzen Ost- und Westpreußen gebildet werden, gibt es in Königsberg 13 Volksschulen mit 83 Klassen und 6101 Schülern. Dem „Allgemeinen Plan einer äußeren Reorganisation der städtischen Volksschulen" von 1883 gemäß besteht jede Volksschule aus sechs Klassen und maximal sechs Parallelklassen unter Leitung eines einzigen Lehrers als Dirigenten. Ab 1886 führen die Leiter der Volksschulen den Titel Rektor. In Königsberg gibt es neben den Volksschulen auch Bürger- und Mittelschulen. Sie sind den Bedürfnissen des Mittelstandes angepaßt. Diese Lehranstalten gehen großenteils aus den Kirchschulen und privaten Elementarschulen hervor, die mit ihren Grundstücken, Kapitalien, Einkünften und Rechten seit

1860 allmählich von der Stadt übernommen werden. Die Elementarschulen werden seit 1883 Bürgerschulen genannt. Im Jahr 1889 bestehen neun Bürgerschulen mit 64 Klassen und 4049 Schülern. Die letzte Kirchschule geht 1897 in den Besitz der Stadt über. Damit liegt das gesamte niedere Schulwesen in ihren Händen (vgl. Tromnau 1908, 175-184).

Nach dem Stand vom 1. Februar 1904 bestehen in Königsberg folgende städtische Schulen: zwei Gymnasien, ein Realgymnasium, drei Realschulen, eine höhere Mädchenschule, zwei Mittelschulen, acht Bürgerschulen, 21 Volksschulen sowie zwei Hilfsschulen. Die Bürgerschulen werden schrittweise in Mittelschulen umgewandelt. Neben den aufgeführten städtischen Schulen gibt es „noch zwei Königliche Gymnasien, eine Königliche Oberrealschule, eine Königliche Baugewerkschule, eine Wiesenbauschule, eine Kunst- und Gewerkschule sowie folgende Privatschulen: 12 höhere Mädchenschulen, 5 Lehrerinnenseminare, eine Knabenmittelschule, eine Präparandenanstalt, eine von der Provinz unterhaltene Taubstummenanstalt, eine Blindenanstalt" (Tromnau 1904, 49f.).

Eingeschult wird in die Volksschulen zweimal jährlich sowie in die Bürger- und Mittelschulen einmal im Jahr. Jedes Jahr erfolgt bei durchschnittlich über 200 Kindern die Einschulung verspätet, und zwar im Alter von sieben Jahren und darüber. Als Gründe werden angeführt: Nachlässigkeit und Gleichgültigkeit der Eltern sowie „Kränklichkeit vieler Kinder" (Tromnau 1904, 54). Der Unterricht wird seit 1894 in der Regel an den Vormittagen erteilt, d.h. im Sommerhalbjahr von 7-12 Uhr und im Winterhalbjahr von 8-13 Uhr. Eine Ausnahme bilden die Klassen, die eine Gesamtstundenzahl von über 30 haben. In den Volksschulen ist 1904 die Einrichtung der siebenten Klassenstufe in Vorbereitung. Die Bürgerschulen haben sieben und die Mittelschulen acht aufsteigende Klassen. An den mittleren und niederen Schulen werden zweimal im Jahr Schulzeugnisse ausgehändigt. Die Versetzungen und Entlassungen finden am 1. April und

1. Oktober jedes Jahres statt. Zuvor halten die Rektoren die Versetzungsprüfungen ab, „bei denen schwache und überalterte Kinder besonders berücksichtigt werden" (Tromnau 1904, 58).

Nach Tromnau (vgl. 1904, 52) wird in den Volksschulen von Königsberg seit 1886 nach einem einheitlichen Lehrplan unterrichtet. Trotz Änderungen (zuletzt 1898) genügt dieser Plan den Anforderungen der Gegenwart nicht mehr. Rektor Brückmann (vgl. 1904, 821-822) setzt sich in seinem Beitrag „Organisation der Königsberger Volksschulen unter Anlehnung an das ‚Mannheimer System'" mit den Mißständen an den Volksschulen der Stadt auseinander und entwickelt Lösungsansätze. Er weist darauf hin, daß viele Volksschüler die erste Klasse nicht erreichen, und führt das darauf zurück, daß sie „durch die Masse des Lehrstoffes geistig totgeschlagen werden" und „die allgemein beklagte Oberflächlichkeit und Zerstreutheit der Großstadtkinder ... durch dieses Durchjagen und Ueberhasten der Lehrstofffülle nur noch schlimmer" wird (Brückmann 1904, 821). Ferner ist die Anzahl der Schüler je Klasse zu hoch und der Unterschied in der Befähigung zwischen einzelnen Kindern sehr groß. In Anlehnung an das „Mannheimer Schulsystem" von Anton Sickinger (1858-1930), „das im Frühling 1901 mit der Einrichtung von zwei Hilfs-, vier Wiederholungs- und zehn Abschlussklassen seinen Anfang genommen hatte" (Noll 1985, 2), entwickelt Brückmann Reformvorschläge für das Königsberger Volksschulwesen. Er schlägt folgendes vor:

„1. Es werden so viel Hilfsschulklassen eingerichtet, als nötig sind, um alle Kinder aufzunehmen, die den ersten halben Jahreskursus der sechsten Klasse zweimal ohne Erfolg durchgemacht haben.

2. In besonderen Fällen dürfen auch solche Kinder ... der Hilfsschule zugeführt werden, die den ersten halben Jahreskursus der fünften Klasse zweimal ohne Erfolg durchgemacht haben.

3. In den Klassen 6 bis 2 einschließlich treten zu den lehrplanmäßigen Lehrstunden noch wöchentlich je drei Wieder-

holungsstunden hinzu, die auf dem Stundenplan als solche bezeichnet sind und auch nur zu diesem Zweck ausgenutzt werden dürfen.

4. Diejenigen Kinder eines Bezirks, welche mit vollendetem 13. Lebensjahre die dritte bzw. die zweite Klasse erst erreicht haben, werden zu Abschlussklassen vereinigt, die besonders hierzu geeigneten Lehrkräften allein unterstellt werden.

5. Zur Prüfung dieser Vorschläge und zur Festlegung bestimmter Grundlinien werden auf zwei Jahre an einer Schule die Wiederholungsstunden und in einem Bezirk zwei Abschlussklassen eingerichtet."

(Brückmann 1904, 822)

Inwieweit die Vorschläge von Brückmann in die Praxis umgesetzt worden sind, ist aus den ermittelten Quellen nicht entnehmbar. Am Auf- und Ausbau des Königsberger Hilfsschulwesens ist jedoch erkennbar, daß die schwachbegabten mehrfach sitzenbleibenden Schüler, seinen Forderungen entsprechend, vermehrt in Hilfsschulklassen unterrichtet werden (vgl. dazu unten Kapitel 1.2.3, 36). Der seit dem Jahr 1893 an den Bürgerschulen geltende Lehrplan geht in seinen Zielen nicht wesentlich über den der Volksschulen hinaus. Bessere Leistungen der Bürgerschüler werden auf die günstigeren Lernbedingungen zurückgeführt. So sind diese Schüler „weniger oder gar nicht" in eine „gewerbliche Beschäftigung" eingebunden (Tromnau 1904, 53). Daher haben sie mehr Zeit für die Schularbeiten, auf die seitens der Eltern stärker geachtet wird. Der Lehrplan an Mittelschulen geht dagegen über den der Volks- und Bürgerschulen hinaus. Demnach erhalten Mittelschüler in den vier oberen Klassen wöchentlich vier Stunden Englischunterricht. Die mathematisch-naturwissenschaftlichen Fächer nehmen an den Mittelschulen für Knaben einen breiteren Raum ein. Der Unterricht in Algebra wird mit der „Lehre von den quadratischen Gleichungen" abgeschlossen (Tromnau 1904, 54).

Nach Tromnau (1904, 65) ist das gesamte mittlere und niedere Schulwesen der Stadt Königsberg der Königlichen Regierung, Abteilung Kirchen- und Schulwesen unterstellt. Deren Organe sind die Stadtschuldeputation, zwei nebenamtliche Kreisschulinspektoren und die Ortsschulinspektoren. 1900 ist aufgrund des schnellen Wachstums des städtischen Schulwesens zusätzlich zu dem seit 1882 wirkenden Stadtschulrat die Stelle des Stadtschulinspektors eingerichtet worden. Friedrich Tromnau (1858-1921) übt dieses Amt bis zum Jahr 1910 allein aus. Er hat die Aufsicht über die städtischen Volks- und Hilfsschulen sowie über die Fortbildungsschule. Tromnau – zuvor schon nach fünf Jahren Schuldienst 1885 Dirigent einer Volksschule, bald darauf Hauptlehrer und 1886 auch zum Rektor ernannt – ist überdies Mitglied der Stadtschuldeputation und der Königlichen Prüfungskommission für Mittelschullehrer und Rektoren sowie für Hilfsschullehrer und Handarbeitslehrerinnen. Des weiteren ist er Autor weitverbreiteter Schulbücher und veröffentlicht eine Vielzahl von Beiträgen in der Fach- und Tagespresse (vgl. Geburtstag 1918, 214). 1911 werden im gesamten Regierungsbezirk Königsberg 137.521 Volksschüler in 2664 Schulklassen (335 Knabenklassen, 337 Mädchenklassen sowie 1992 gemischte Klassen auf dem Land) durch 2618 Lehrkräfte (357 Lehrerinnen und 2261 Lehrer) unterrichtet, wobei 46 Klassen keinen eigenen Lehrer haben und von den Lehrkräften der betreffenden Schulen mitbetreut werden müssen. Die Mehrzahl der Schulen sind ein- und zweiklassig. Lediglich etwa ein Drittel der Kinder besucht sechs- und mehrklassige Schulen. Davon entfallen allein auf die Stadt Königsberg 22.657 Schulkinder. 34.406 Schüler werden in einklassigen und 37.350 Schüler in zweiklassigen Schulen unterrichtet. Die niedrigste Klassenfrequenz hat der Landkreis Königsberg mit 42 Kindern und die höchste der Kreis Fischhausen mit 60 (vgl. Volksschulwesen 1914, 30).

Im Jahr 1913 bestehen in der Stadt Königsberg 31 Volksschulen, und zwar elf Knaben- und elf Mädchenvolksschulen sowie neun Volksschulen, in denen Knaben und Mädchen gemeinsam unterrichtet werden. Für besonders begabte Volksschüler gibt es seit 1917 eine Übergangsklasse zur Mittelschule. Nach fünfjährigem Besuch der Volksschule sollen diese Schulkinder in einem Jahr so gefördert werden, daß sie in die dritte Klasse der Mittelschule eintreten können. 1918 erfolgt die Umwandlung der siebenklassigen in achtklassige Volksschulen. Im Jahr 1920 erhalten 2895 Kinder der städtischen Mittel-, Volks- und Hilfsschulen in neun Schulgärten durch 29 Lehrkräfte Unterricht sowie eine praktische Anleitung. Die Erträge aus dem Gemüseanbau werden nach Kriegsende in Zeiten von Nahrungsmittelknappheit gern von den Haushalten angenommen (vgl. Verwaltungsbericht 1913/1920, 12-14). In seinem in der Lehrerzeitung für Ost- und Westpreußen veröffentlichten Beitrag „Pestalozzi, Herbart, Fröbel als die Begründer der neuen Pädagogik" (vgl. Pestalozzi 1916, 185-186) geht der nicht namentlich in Erscheinung tretende Autor der Frage nach, inwieweit das Schulwesen der Gegenwart von den Ideen der genannten Pädagogen beeinflußt ist. Ihrer Forderung, nach der sich die Pädagogik auf die Psychologie gründen soll, sucht man wie folgt nachzukommen. So wird in den ministeriellen Bestimmungen verlangt, daß die angehenden Lehrer „die Kinder verstehen sollen und auch die Hemmungen kennen und richtig behandeln lernen, die bei nicht normalen Kindern dem Erzieher entgegentreten. Sie sollen befähigt werden, die Ereignisse in Schule und Leben nach psychologischen und ethischen Gesichtspunkten zu beurteilen" (Pestalozzi 1916, 185). Die neue Pädagogik hält auch an dem von Johann Heinrich Pestalozzi (1746-1827) aufgestellten Grundsatz fest, der besagt, daß alle Erkenntnis auf Anschauung zurückzuführen ist. Demgemäß wird in allen Unterrichtsfächern vorgegangen, z.B. durch das Zeigen von Modellen, Bildern, Karten oder durch das Vorsingen sowie Vorturnen (vgl. Pestalozzi 1916, 185).

Ferner weist der Autor des Beitrags darauf hin, daß viele Schulbücher, die der Vorbereitung auf den Unterricht dienen, nach den auf Johann Friedrich Herbart (1776-1841) zurückgehenden „formalen Stufen" angelegt sind, z.B. „Staude, Präparationen zu den biblischen Geschichten des Alten und Neuen Testaments" und „Präparationen zu deutschen Gedichten und Lesestücken" (Pestalozzi 1916, 185). Außerdem wird an den Schulen die Erziehungslehre von Friedrich Fröbel (1782-1852) besonders beachtet. So sollen die Schulanfänger „nicht mit toten Buchstaben und Ziffern gequält werden, sondern die Bildung der Sinne, der Sprache, der Hand muß im ersten Schuljahre alles beherrschen" (Pestalozzi 1916, 185). Das Formen und Zeichnen geht dem Schreiben voran. Gerechnet wird zuerst mit Hilfe von Stäbchen oder Kugeln (vgl. dazu unten Kapitel 3.3, 114). Wert legt man darüber hinaus auf die Fröbelsche Intention, das Prinzip der Selbsttätigkeit auf den wissenschaftlichen Unterricht zu übertragen. So werden in Erdkunde und Geschichte Pläne und Skizzen entworfen sowie im Mathematikunterricht regelmäßige Körper aus Pappe angefertigt (vgl. Pestalozzi 1916, 185). Einige Pädagogen messen dem Werken eine besondere Bedeutung bei. So nennt F. Busalla (1921, 512) in seinem Beitrag „Pädagogische Zeitströmungen der Gegenwart" als Hauptvertreter der Richtung, „für die der Name ‚Werkunterricht' üblich geworden ist", den Schulrat Heinrich Scherer, Autor des Buches „Arbeitsschule und Werkunterricht", den Charlottenburger Rektor Otto Seinig und den Königsberger Mittelschulrektor Brückmann. Diesen Schulmännern ist sehr wichtig, daß die Handbetätigung auch unter sehr schwierigen Verhältnissen nicht vernachlässigt wird. Sobald sich dazu Gelegenheit bietet, lassen sie die Schüler mit den einfachsten Werkzeugen und Materialien arbeiten. Eigene Werkstätten werden nicht als unabdingbare Voraussetzung angesehen (vgl. Busalla 1921, 512).

Der Gesamtunterricht von Berthold Otto (1859-1933) sowie seine Privatschule in Berlin-Lichterfelde werden in der Lehrerzeitung für Ost- und Westpreußen ausführlich vorgestellt. Studienassessor K. Bink (vgl. 1922, 453-454) bezieht darüber hinaus eigene Unterrichtsversuche im Sinne des Gesamtunterrichts von B. Otto an der Selkeschule in Königsberg, einer Volksschule, in seine Darstellung ein. Bink beginnt damit 1920 in einer Klasse I mit einer Stunde wöchentlich. Zeitweise werden weitere Klassen hinzugezogen. Wie bei B. Otto bestimmen seine Schüler die zu bearbeitenden Themen, über die frei diskutiert wird, z.B. über den Ursprung des Lebens, Stierkämpfe in Spanien oder den Götterglauben der Griechen und Germanen. Beliebt ist im von Bink eingeführten Gesamtunterricht auch das Vorlesen von Dramen mit verteilten Rollen und von Geschichten aus der Kinderzeitung von B. Otto. Nach den Erfahrungen von Bink äußern die Schüler gern ihre eigenen Ansichten zu den gewählten Themen und teilen zwanglos ihre Beobachtungen mit (vgl. Bink 1922, 453-454). Über das Königsberger Schulwesen nach dem Stand von 1937 geben Übersichten Auskunft. 1937 werden an den Volks- und Hilfsschulen insgesamt 29.362 Schüler in 707 Klassen unterrichtet. 43 Klassen haben keinen eigenen Unterrichtsraum. Die durchschnittliche Klassenfrequenz beträgt 41,53 Schüler. Innerhalb des Unterrichtsbetriebes wird der Werkunterricht erneut ausgebaut. Zu Beginn des Jahres 1937 bestehen 18 Schülerwerkstätten. 18 Volks- und fünf Mittelschulen führen diesen Unterricht planmäßig durch. Die höheren Schulen werden derartig reformiert, daß es zukünftig nur noch eine „Schulhauptform", und zwar die Oberschule, gibt. In den Oberschulen sollen zwei Pflichtsprachen gelehrt werden. Mit dem Englischunterricht in allen Anfangsklassen hat man bereits begonnen. An den Oberschulen für Jungen wird der Unterricht in der Oberstufe in einen mathematisch-naturwissenschaftlichen und einen sprachlichen Zweig geteilt (vgl. Jahrbuch 1937, 23-24).

Die Stadt Königsberg verfügt 1878, als die Provinz Ostpreußen erneut gebildet wird, über ein abgestuftes Schulwesen, das sich bis zu Beginn des 20. Jahrhunderts stark ausdehnt und weiter verzweigt. Dazu gehören Volksschulen, Bürgerschulen und höhere Schulen. Die Bürgerschulen werden nach 1900 in Mittelschulen umgewandelt. Die preußische Volksschule, die durch die „Allgemeinen Bestimmungen" von 1872 „eine neue Ordnung" (Reble 1995, 273) erhalten hat, wird in Königsberg im gleichen Jahr zu einer Schule mit sechs aufsteigenden Klassen ausgebaut. Es folgen 1904 die Einrichtung der siebenten Klassenstufe und 1918 die Umwandlung in die achtklassige Volksschule. Während es im Jahr 1880 noch Königsberger Volksschulklassen mit 123 Schülern gibt, darf die Anzahl der Schüler je Klasse im Jahr 1908 höchstens 70 betragen und beläuft sich im Durchschnitt auf 52 Schüler. Bis zum Jahr 1937 sinkt die durchschnittliche Schülerzahl auf 41,53 je Klasse. Die Volks-, Bürger- und Mittelschulen bestehen als reine Knaben- und Mädchenschulen (ab 1890 auch in Doppelschulgebäuden) sowie als koedukative Schulen. Impulse für eine Volksschulreform, die besonders schwachen Schülern und Schulversagern gerecht wird, gehen zu Beginn des 20. Jahrhunderts von der Reorganisation des Mannheimer Schulsystems durch Sickinger aus. In Anlehnung daran entwickelt man auch in Königsberg Vorschläge zur Reform der Volksschule. Dort werden seit 1885 Hilfsschulen gegründet. Eine Taubstummenanstalt ist bereits 1817 errichtet worden. Diese Schuleinrichtung gehört zum Taubstummenbildungswesen der Provinz Ostpreußen, das im folgenden beschrieben wird.

1.2.2 Zum Taubstummenbildungswesen

Mit der Bildung der Provinz Ostpreußen im Jahr 1878 bestehen in ihr vier Taubstummenschuleinrichtungen. Dazu gehören: die Provinzial-Taubstummenanstalt zu Königsberg Pr. (1817), die Provinzial-Taubstummenanstalt zu Angerburg (1833), die Seminar-Taubstummenschule zu Braunsberg (um 1840) und die Taubstummenanstalt des „Ostpreußischen Zentralvereins für Erziehung bedürftiger taubstummer Kinder" (Vereinsanstalt) zu Königsberg Pr. (1873) (vgl. Krafft 1915, 68-71). In Ostpreußen finden nicht alle taubstummen Kinder im schulpflichtigen Alter Aufnahme in einer Taubstummenanstalt. Sie besuchen keine Schule oder werden darin vernachlässigt. Fast ohne Schulbildung und oft in einem höheren Alter müssen sie von den Taubstummenschulen aufgenommen werden. Daraufhin wird von allen Lehrern an den Landschulen verlangt, taubstumme Kinder planvoll zu unterrichten. Empfohlen ist, ihnen wöchentlich vier Stunden Privatunterricht zu erteilen, weil die Zeit in der Schule fehlt, sich mit einem taubstummen Kind allein zu beschäftigen. Aus der vollständigen Übersicht über den Stand des Taubstummen-Hilfsunterrichts in den Landschulen und Hilfsanstalten Ostpreußens von 1877 ist jedoch ersichtlich, daß die taubstummen Kinder im Regierungsbezirk Königsberg überwiegend in den regulären Schulstunden unterrichtet werden. Als Anleitung dazu wird die Schrift „Die Geistlichen und Lehrer im Dienste der Taubstummen" von F. M. Hill (1805-1874), seit 1830 Lehrer an der Taubstummenschule in Weißenfels, empfohlen (vgl. Krafft 1918, 90). Krafft führt zu diesem Unterricht aus ihm vorliegenden Berichten an, daß die Kinder in etwa sechs Monaten lernten, alle Laute mit Ausnahme des r, ch, z und x deutlich auszusprechen. Zugleich übten sie das Lesen von Silben und einsilbigen Wörtern. Daran schlossen sich das Zählen und die Bezeichnung der Ziffern etwa bis 100 an (vgl. Krafft 1918, 90).

Seit 1882 unterstehen die in den Landschulen unterrichteten taubstummen Kinder der ständigen Kontrolle der Direktoren der Provinzial-Taubstummenanstalten. Trotz der stetigen Arbeit der Volksschullehrer sind die Leistungen der taubstummen Kinder unzureichend. An allen Schulen fehlen geeignete Hilfsmittel für den Unterricht. In einzelnen Orten bekennen die Landlehrer offen, daß sie keinerlei Anleitung für den Unterricht mit taubstummen Kindern erfahren haben. Oft fehlen die Artikulationsübungen und Übungen im Ablesen der Sprache in der Ausbildung der Taubstummen an den Landschulen völlig (vgl. Krafft 1918, 94). Im Jahr 1883 erläßt die Königliche Regierung, Abteilung für Kirchen- und Schulwesen eine Verordnung zur „Sorge für schwerhörige Kinder" in den Volksschulen der Provinz Ostpreußen. Darin wird auf Mängel des Gehörs aufmerksam gemacht, die der Grund für dauerhafte Unaufmerksamkeit im Unterricht sein können. Durch häufiges und sorgfältiges Beobachten ihrer Schüler sollen die Lehrer feststellen, ob eine Schwerhörigkeit vorhanden ist. Als Richtwert ist die Hörweite eines gesunden Ohres angegeben. Demnach werden „auf 20 m Entfernung mäßig gesprochene Worte bei ruhiger Umgebung" gehört (Volksschule Verordnungen 1892, 163). Den als schwerhörig erkannten Schülern sind die Sitzplätze in unmittelbarer Nähe des Lehrers anzuweisen. Betroffenen Eltern ist Kenntnis zu geben, damit sie zur Behebung des Leidens erforderliche Maßnahmen einleiten. Die besondere Fürsorge für schwerhörige Kinder wird mit der statistisch erhobenen unverhältnismäßig hohen Zahl an in das Heer aufzunehmenden Rekruten mit Gehörmängeln in Ostpreußen begründet (vgl. Volksschule Verordnungen 1892, 162-163).

1885 wird das System der Prämierung der Volksschullehrer für die Unterrichtung taubstummer Kinder aus dem Gratifikationsfonds des ostpreußischen Landarmenverbandes zugunsten des Ausbaus der Provinzial-Taubstummenanstalten abgeschafft. 1891 erhalten noch 305 taubstumme Kinder in der Provinz Ostpreußen Unterricht in Volksschulen. 1893 wird ein Sammelkursus für ältere taubstumme Kinder in Friedland Ostpr. eingerichtet, der als selbständige Hilfsanstalt fünf Jahre besteht und den langjährigen Mangel an Taubstummenschulplätzen aufhebt (vgl. Krafft 1918, 94). Im gleichen Jahr wird erstmals ein für alle drei Provinzial-Taubstummenanstalten in Königsberg, Angerburg und Rössel (seit 1881) einheitliches Reglement erlassen. Entscheidendes Kriterium für die Aufnahme in die Anstalten ist demnach ein Taubheitsgrad, der es den Kindern unmöglich macht, die Lautsprache mit Hilfe des Gehörs zu erlernen. Taubstumme Kinder, die „blöd- oder schwachsinnig" sind, an weiteren „ihre Bildung hindernden Gebrechen" oder an einer „ansteckenden Krankheit leiden" (Reglement 1918, 152), werden nicht aufgenommen. Ebenfalls 1893 bezieht L. Hermann, Direktor des Physiologischen Institutes der Albertus-Universität zu Königsberg, alle Zöglinge der Provinzial- und Vereinstaubstummenanstalt in Untersuchungen ein. „Durch künstliche Erzeugung von Schwindelgefühl auf dem Drehstuhl" will er herausfinden, „ob die Bogengänge im Gehörorgan mit der Koordination der Körperbewegungen in Beziehung stehen" (Krafft 1918, 80). Die Ergebnisse fließen in die Dissertation eines an den Untersuchungen beteiligten, jedoch nicht namentlich genannten Arztes ein. Krafft teilt sie nicht mit.

Seit dem Studien- und Etatjahr 1894/95 werden in der Poliklinik für Ohren-, Nasen- und Halskrankheiten der Albertina sämtliche Zöglinge der beiden Königsberger Taubstummenanstalten einer Untersuchung ihrer Sinnesorgane unterzogen (vgl. Chronik 1895, 36). So ist es in den Folgejahren Praxis, alle neu in diese Anstalten aufgenommenen Zöglinge zu untersuchen und für ihre Behandlung zu sorgen. Im Etatjahr 1898/99 wird für die taubstummen Knaben und Mädchen eine besondere Sprechstunde am Nachmittag abgehalten, um den Schulunterricht in den zwei Taubstummenanstalten Königsbergs nicht zu stören (vgl. Chronik 1899, 30). Mit Anschaffung der kontinuierlichen Tonreihe (nach Edelmann und Bezold) verbessert sich ein Jahr später die funktionelle Prüfung des Gehörorgans. Künftig sollen die taubstummen Zöglinge unter Mithilfe ihrer Taubstummenlehrer mit dieser Tonreihe untersucht werden (vgl. Chronik 1900, 31-32). Nach der Übernahme der Vereins-Taubstummenanstalt durch den Provinzialverband der Provinz Ostpreußen 1899 wird sie 1901 mit der Provinzial-Taubstummenanstalt zu Königsberg vereinigt. Im Jahr 1903 beschließt der ostpreußische Provinzial-Landtag die Einführung der achtjährigen Schulzeit und die Trennung der Schüler nach Fähigkeiten für alle Taubstummenanstalten. Mit dem Neubau der bisher in Angerburg befindlichen Provinzial-Taubstummenanstalt zu Tilsit und dem einem Neubau gleichenden Erweiterungsbau der Anstalt zu Rössel im Jahr 1907 werden diese Pläne verwirklicht (vgl. Mecklenburg 1915, 87). Die Ausgestaltung des Taubstummenbildungswesens und die damit verbundene Sicherung eines Platzes für jedes taubstumme Kind in den Provinzial-Taubstummenanstalten bewirkt, daß die breit angelegten Unterrichtsversuche mit taubstummen Kindern an den Volksschulen in Ostpreußen nicht weiter verfolgt werden. Sie waren aus den von dem bayrischen Schulrat J. B. Graser (1766-1841) eingeleiteten Verallgemeinerungsplänen hervorgegangen (vgl. Krafft 1918, 94).

1902 findet in Königsberg die erste Versammlung des Ostpreußischen Taubstummenlehrer-Vereins statt, an der 24 Mitglieder teilnehmen. Vertreten sind alle drei Provinzial-Taubstummenanstalten. Umfassend thematisiert wird die Frage des Erscheinungsbildes und der heilpädagogischen Behandlung der motorischen Aphasie anhand verschiedener Beispiele aus der Praxis. Die Teilnehmer stimmen darin überein, daß Kinder mit diesem Gebrechen entschieden in die Taubstummenschule gehören (Lehrerzeitung für Ost- und Westpreußen 1902, 701). Die 1910 erlassene Neufassung des Reglements für die Provinzial-Taubstummenanstalten zu Königsberg, Tilsit und Rössel enthält dahin gehend erweiterte Aufnahmebestimmungen. So stehen die Anstalten auch hochgradig schwerhörigen und spätertaubten Kindern sowie „denjenigen Kindern offen, die infolge einer zentralen Störung oder Entwicklungshemmung im Gehirn bei normalem Gehör und im allgemeinen normaler Begabung sprachlos bleiben (Hörstumme und aphatische Kinder)" (Reglement 1918, 155). 1910 hält O. Krafft, von 1903 bis 1930 Direktor der Königsberger Taubstummenanstalt, auf der „Versammlung Deutscher Naturforscher und Ärzte" zu Königsberg einen Vortrag über „Die heilpädagogische und spezialohrenärztliche Taubstummenfürsorge" (Verwaltungsbericht Provinzialverband 1910, 56), der durch Vorführungen von Unterrichtsproben an seiner Taubstummenanstalt eine wertvolle Ergänzung erfährt. Dabei erregen zwei an motorischer und motorisch-sensorischer Aphasie leidende

Kinder besondere Aufmerksamkeit, bei denen es mit Hilfe des lautsprachlichen Verfahrens gelungen ist, die Lautsprache künstlich zu entwickeln.

Das am 7. August 1911 erscheinende „Gesetz, betreffend die Beschulung blinder und taubstummer Kinder" für das Königreich Preußen legt die Schulpflicht für taubstumme Kinder mit vollendetem siebenten Lebensjahr fest. Zu den taubstummen Kindern im Sinne dieses Gesetzes gehören auch stumme, ertaubte und hochgradig schwerhörige Kinder (vgl. Gesetz 1918, 161-163). In der Ausführungsanweisung zu diesem Gesetz wird die Untersuchung jedes taubstummen Kindes zur Feststellung seiner körperlichen und geistigen Entwicklung sowie Bildungsfähigkeit durch den Kreisarzt (Stadtarzt) angeordnet. Diese Untersuchung ist mit jener zu verbinden, die nach dem Erlaß des Ministers des Innern vom 18. Dezember 1902 für die fortlaufende statistische Aufnahme der Taubstummen durchzuführen ist (vgl. Ausführungsanweisung 1918, 164). Für jedes taubstumme Kind hat der untersuchende Arzt einen Fragebogen auszufüllen. Der Taubstummenstatistik liegt ein gesonderter Fragebogen zugrunde, der anteilig vom untersuchenden Arzt und vom Anstaltsarzt mit Hilfe eines Taubstummenlehrers zu beantworten ist. Kinder, die in ihrer Entwicklung zurückgeblieben sind, können bis zu drei Jahren von der Schulpflicht zurückgestellt werden. Wenn Eltern ihr taubstummes Kind ohne Vermittlung des Kommunalverbandes in einer Anstalt unterbringen möchten oder für den Unterricht in ausreichender Weise anderweitig sorgen wollen, unterliegt dieser Unterricht der behördlichen Prüfung. Als Kriterium für einen ausreichenden Ersatzunterricht ist der Befähigungsnachweis des eigens für diesen Zweck ausgebildeten Lehrers verbindlich. Diese Bedingung gilt in jedem Fall für den Artikulationsunterricht und den grundlegenden Sprachunterricht (vgl. Ausführungsanweisung 1918, 165). Mecklenburg (vgl. 1915, 87) betont, daß bereits vor dem Inkrafttreten dieses Gesetzes am 1. April 1912 in Ostpreußen Verhältnisse geschaffen sind, die sich mit einer vollzogenen Durchführung der Schulpflicht annähernd decken. Lediglich 26 bisher nicht beschulte gehörlose Kinder müssen zusätzlich in die Taubstummenanstalten der Provinz aufgenommen werden.

In Ausführung des die Schulpflicht blinder und taubstummer Kinder regelnden Gesetzes tritt das dazu erforderliche Reglement für die Provinzial-Taubstummenanstalten der Provinz Ostpreußen am 1. April 1912 in Kraft. Demgemäß ist die Dauer der Beschulung taubstummer Kinder auf acht Jahre begrenzt. Im ersten Schuljahr erhalten die Kinder Artikulationsunterricht in Gruppen mit jeweils sechs bis sieben Schülern. Ab dem zweiten Schuljahr werden die Schüler nach ihren geistigen Fähigkeiten in A-Klassen für Gutbefähigte und B-Klassen für Schwachbefähigte getrennt unterrichtet. Die Trennung nach dem ersten Schuljahr unterliegt bis zum Abschluß des zweiten Schuljahres der Nachprüfung. Eine A-Klasse soll in der Regel mit zehn bis zwölf Schülern, eine B-Klasse mit acht bis zehn Schülern besetzt sein. Bei normaler Besetzung verfügen die Anstalten zu Königsberg und Tilsit über je drei Artikulationsklassen, sieben A-Klassen und sieben B-Klassen. Die kleinere Taubstummenanstalt zu Rössel hat regulär zwei Artikulationsklassen, sieben A-Klassen und vier B-Klassen. Während die A-Klassen hier bis zur Entlassung durchgeführt werden, vereinigen sich immer zwei Jahrgänge schwachbefähigter Kinder zu einer bis zur Entlassung zusammenbleibenden B-Klasse (vgl. Reglement 1918, 174). Schumann (vgl. 1940, 587) erwähnt die auf der Bundesversammlung der Taubstummenlehrer in Würzburg im Jahr 1912 von O. Krafft vorgetragene Forderung nach Anstalten eigens für schwachsinnige Taubstumme und normalhörende infolge Schwachsinns stumme Kinder. Diese Anstalten sollten die Kinder angemessen beschäftigen und den normalhörenden schwachsinnigen stummen Kindern die Lautsprache zu vermitteln suchen (vgl. Schumann 1940, 587).

1913 erarbeitet O. Krafft einen für alle drei Provinzial-Taubstummenanstalten Ostpreußens geltenden neuen und umfassenden Lehrplan. Darin ist festgelegt, daß der Stundenplan in den ersten drei Schuljahren alle sprachlichen Disziplinen unter der Bezeichnung „Sprache" zusammenfaßt. Ab dem vierten Schuljahr sind die Einzeldisziplinen des Sprachunterrichts – das Lesen, der Sprachformenunterricht, der freie Sprachunterricht und die Übung in der schriftlichen Darstellung – durch eine entsprechende Stundenzahl voneinander abgegrenzt. In dem Artikulationskurs (erstes Schuljahr) steht die „phonetische Durchbildung der Sprechtechnik" (Krafft 1918, 227) im Vordergrund. Entscheidend für den Erfolg des Artikulationsunterrichts ist, wie und nicht wieviel gesprochen wird. Für das zweite bis siebente Schuljahr sieht der Lehrplan besondere Stunden im „Mechanischen Sprechen" vor. Darin sollen klar festgelegte sprechtechnische Übungen durchgeführt werden, die mit steigendem Schwierigkeitsgrad „zu einer größtmöglichen Reinheit, Natürlichkeit und Geläufigkeit des Sprechens führen" (Krafft 1918, 227). Zu den Erfordernissen des Unterrichts in allen Klassenstufen gehören die sorgfältige Stimmübung, die Überwachung der Reinheit der Einzellaute sowie ein klares und gut artikuliertes Sprechen. Dem Unterricht liegt das reine Lautsprachverfahren zugrunde (vgl. Krafft 1918, 227). Die Gesundheitspflege der Kinder ist in den drei Taubstummenanstalten der Provinz Ostpreußen einheitlich geregelt. Ein bestellter Anstaltsarzt behandelt die allgemeinen Erkrankungen. Daneben ist eine besondere zahnärztliche Versorgung und eine Spezialbehandlung der Ohren-, Nasen-, Rachen- und Augenleiden vorgesehen. Die Kosten für notwendige klinische Behandlungen trägt die Provinzialverwaltung. Durch operative Eingriffe ist es mehrfach gelungen, taubstummen Kindern mit Gaumenspalte und Kieferversteifung die Möglichkeit einer lautsprachlichen Ausbildung zu geben (vgl. Mecklenburg 1915, 91).

Mit dem Ausbruch des Krieges im Jahr 1914 wird der Unterricht in den drei Taubstummenanstalten erheblich eingeschränkt. Die Städte Tilsit und Rössel sind im ersten Kriegsjahr von russischen Truppen besetzt. Die Anstalten werden über Jahre zu Hilfs-lazaretten. Die Taubstummenlehrer, die nicht einberufen oder gefallen sind, werden zur Durchführung von Ablesekursen für kriegsertaubte sowie hochgradig schwerhörige Kriegsteilnehmer herangezogen (vgl. Verwaltungsbericht Provinzialverband 1916 und 1917, 17-19). Die Zusammenlegung von A- und B-Klassen, eine Reduzierung der Stundenanzahl von wöchentlich 24 bis 30 auf 21 bis 24, die Kürzung des Lehrstoffes vorwiegend in den technischen Fächern und Abweichungen vom Lehrplan sind Kriegsauswirkungen auf die Königsberger Provinzial-Taubstum-menanstalt. Aus Sicherheitsgründen erhält jeder taubstumme Zögling einen amtlichen Ausweis über seine Person in Form ei-ner um den Hals zu tragenden Marke (vgl. Krafft 1918, 239). Über den Schülerstand an dieser Anstalt im Schuljahr 1917/18 geben drei Übersichten Auskunft. Zu einer Normalisierung im Taubstummenanstaltsleben kommt es erst 1920. Die Kriegsfol-gen bleiben aber spürbar. Durch häufige kriegsbedingte Erkran-kungen der Lehrer wird der Unterricht an den Anstalten in Tilsit und Rössel empfindlich gestört. Die Kriegsbeschädigtenfürsor-ge gewinnt an Stellenwert. So erteilt der Taubstummenlehrer E. Reichau bis zum Jahr 1923 Sprechunterricht in der Übungsschule für sprachgeschädigte Hirnverletzte des Königsberger Festungs-hilfslazaretts I. Er ist dafür von der Provinzial-Taubstummenan-stalt in Rössel beurlaubt (vgl. Verwaltungsbericht Provinzial-verband 1919, 12).

E. Reichau arbeitet in der Lazarettschule mit der Ärztin Frie-da Reichmann zusammen, die zunächst Assistentin von Kurt Goldstein und später von J. H. Schultz („Autogenes Training") im Sanatorium „Weißer Hirsch" bei Dresden ist. Nach ihrer Aus-bildung zur Psychoanalytikerin in Berlin eröffnet sie 1924 ein eigenes Sanatorium in Heidelberg. Frieda Fromm-Reichmann (1890-1957), die erste Frau von Erich Fromm, emigriert 1935 in die USA und ist dort zweiundzwanzig Jahre als Psychoanalyti-kerin tätig (Funk 1998, 48-53).

Reichmann und Reichau (vgl. 1919, 8-42) berichten an Hand von Fallbeispielen über ihre heilpädagogische Übungsbehandlung der kriegsbedingten motorischen und sensorischen Aphasien in Königsberg. Sie wenden dabei die optisch-taktile Methode des Taubstummenunterrichts mit Erfolg an, die darauf beruht, „dass die Sprache beim Ausfall der zentralen und peripheren akustischen Ansprechbarkeit (Aphasie, Taubstummheit) der Sprachzentren mit Hilfe optischer und taktiler Lautbildungseindrücke neu entwickelt wird" (Reichmann/Reichau 1919, 12). Die sich mit jedem neu erlernten Laut verbindenden kinästhetischen Erinnerungsbilder „unterstützen die Rückbildung perzeptiver Sprachstörungen ebenso wirksam wie die Heilung von Erkrankungen des expressiven Sprachapparates" (Reichmann/Reichau 1919, 41). Bestandteil dieser Übungsbehandlung sind auch linkshändige Schreibübungen, die zur Verbesserung der sprachlichen Merkfähigkeit der Aphasiker mit Erfolg durchgeführt werden. Reichmann und Reichau (vgl. 1919, 41) wenden ihre optisch-taktile und linkshändige Übungsbehandlung auch bei zwei aphasischen Hilfsschulkindern an, deren psychischer Allgemeinzustand durch eine mehrjährige Schulzeit mit individueller Zuwendung nicht beeinflußt werden konnte. Bei einem dieser Kinder ist nach zweimonatiger Übungsbehandlung eine merkliche Hebung des psychischen Gesamtzustandes beobachtbar, der den Angehörigen durch ein verändertes Verhalten zu Hause aufgefallen ist. Die Beobachtungen an diesen Hilfsschulkindern sollen weitergeführt werden (Reichmann/Reichau 1919, 41).

Das Schulprogramm des Preußischen Lehrervereins vom Mai 1919 enthält die Forderung nach Ausgestaltung der besonderen unterrichtlichen und erziehlichen Fürsorge für Schwachbefähigte, Blinde, Taubstumme, Schwerhörige, Epileptische und Krüppel (vgl. Schulprogramm Mai 1919, 294). Das Schulprogramm des Deutschen Lehrervereins vom Juni 1919 bezieht darüber hinaus sprachleidende Kinder in die besondere Fürsorge mit ein (vgl. Schulprogramm Juni 1919, 292). In Ostpreußen entsteht 1920 als neue Organisationsform eine Schule für schwerhörige Kinder, die dem Unterricht in den städtischen Volksschulen nicht folgen können. Die Schule wird mit einer Klasse von vierzehn Schülern in Königsberg eröffnet (vgl. Verwaltungsbericht Stadt Königsberg 1913/1920, 13). Auf Anregung des Provinzialschulkollegiums folgt man in der Provinzial-Taubstummenanstalt zu Rössel vermehrt Grundsätzen der Arbeitsschule. E. Weng, der an dieser Anstalt unterrichtet, bearbeitet 1923 für die Provinz Ostpreußen eine Anfrage des Bundes deutscher Taubstummenlehrer an die Zweigvereine nach der Durchführbarkeit und dem Sinn der lehrplan- und stundenplanmäßigen Abgrenzung und Bindung im Sprachunterricht Taubstummer mit Leitsätzen (vgl. Schorsch 1924, 117-118). Die stoffliche und zeitliche Abgrenzung durch Lehr- und Stundenplan wird darin als nicht durchführbar und nicht wünschenswert bezeichnet, da sie dem Erlebnis- und Wirklichkeitsunterricht der Arbeitsschule entgegensteht, die selbstverantwortliche Arbeit des Lehrers unmöglich macht, den Unterrichtsbetrieb uniformiert und schematisiert.

F. E. Otto Schultze (1926, 155-161), Professor für Pädagogik an der Königsberger Universität, protokolliert eine Unterrichtsstunde in einer Artikulationsklasse an der Taubstummenanstalt in Königsberg, die er gemeinsam mit seinen Studenten besucht. Die Klassenlehrerin berichtet im Anschluß an diese Stunde über den bisherigen Unterrichtsgang. Demnach haben die acht Kinder seit ihrem Eintritt in die Klasse innerhalb von etwa vier Monaten einen kleinen Wortschatz erworben, der Benennungen von Personen, Tieren sowie Gegenständen in der nächsten Umgebung, aber auch kleine Handlungen, Wünsche und Befehle umfaßt. Dem Arbeiten an Laut, Wort und Satz sind der Reihenfolge nach Spiele, Körperbewegungen, Lippen- und Zungenbewegungen, erste Stimmübungen auf Papierrollen und Kämmen, vorbereitende Übungen zum Atemtraining (Seifenblasen, Aufblasen von Papierbeuteln), Malen an der Tafel, erste Schreibversuche von einfachen Buchstabenformen wie i, s, l sowie erste Absehübungen im

Wechsel mit Lallübungen vorausgegangen (vgl. Schultze 1926, 158-159). Im Zeitraum von Ostern 1932 bis Januar 1933 untersucht der Taubstummenoberlehrer P. Naffin im Rahmen seiner Dissertation das soziale Verhalten von taubstummen Schulkindern. Er beobachtet die 129 in der Provinzial-Taubstummenanstalt von Königsberg lernenden Kinder planmäßig beim Spiel und bei der Arbeit. Naffin bezieht seine Beobachtungen hauptsächlich auf soziale Funktionen wie Gruppenbildung, Kontaktbildung, Spiel und Arbeit, Rangbewußtsein, Herausbildung von Führergestalten und Außenseitertum, Solidarität, Verhalten gegenüber Eltern, Geschwistern, zu Hörenden im allgemeinen. Zu den Hauptergebnissen seiner sozialpsychologisch-individualdiagnostischen Untersuchung gehört, daß sich das soziale Verhalten „bei vollständiger und angeborener Taubheit ... bis zum 11.-12. Lebensjahr von der sprachlichen Schulung so gut wie unabhängig" entwickelt (Naffin 1933, 103). Als soziales Wesen unterscheidet sich das taubstumme Kind nicht grundsätzlich vom gleichaltrigen hörenden Kind. Bedingt durch die Taubheit als Organerkrankung verzögert sich die geistige Entwicklung und ist die soziale Entwicklung bis zum Einsetzen der Vorpubertät gehemmt. Das fehlende Hörvermögen allein begründet nicht das Eintreten eines stärkeren oder besonders starken Minderwertigkeitsgefühls. Die motorische Kundgabe von Emotionen und die Reaktionen auf Gesichtseindrücke sind viel lebhafter als bei hörenden Kindern (vgl. Naffin 1933, 101-103).

P. Schumann (1932, 1-6) analysiert die Abbauprozesse im Taubstummenbildungswesen in den preußischen Provinzen und deutschen Ländern zu Beginn der 30er Jahre. So verringert sich der Bestand der deutschen Taubstummenanstalten und Schulen von 88 im Vorkriegsjahr 1913 im damaligen Deutschen Reich auf 72. Weitere neun Anstalten und Schulen sind gefährdet. Sie sollen mit anderen Einrichtungen zusammengelegt oder aufgelöst werden. Die ostpreußische Taubstummenanstalt in Rössel wird im Jahre 1936 geschlossen. 1938 werden die Taubstummenanstalten umbenannt. Schulische Einrichtungen ohne Schüler-internat oder Erwachsenenheim führen die Bezeichnung „Gehör-losenschule". Ist die Schule mit einem Internat oder Heim ver-bunden, erhält diese Bezeichnung den Zusatz „mit Heim". Sind mehrere gleichartige Schulen örtlich zu unterscheiden, können nähere Bezeichnungen wie „Staatliche Gehörlosenschule" oder „Städtische Gehörlosenschule" hinzugefügt werden (vgl. Die deutsche Sonderschule 1938, 572).

Nach der Auskunft von Frau K., die nach dem Reichsschulpflicht-gesetz vom 6. Juli 1938 im Jahr 1941 in die Provinzial-Gehörlosen-schule mit Heim zu Königsberg eingeschult worden ist, wird der Schulbetrieb ohne Einschränkung bis zum 4. Juli 1944 durchge-führt. Nach Aushändigung des Zeugnisses schließt die Königsberger Gehörlosenschule. Im Sommer 1937 ist Frau K., damals zweieinhalbjährig, dem Hals-Nasen-Ohren-Arzt Hermann Gutzmann jun. (1892-1972) in Berlin vorgestellt worden, nachdem sich ihre Mutter mit der Diagnose mehrerer Fachärzte in Königs-berg nicht abgefunden hatte. Bei dem als gehörlos geltenden Mäd-chen stellt Gutzmann einen Hörrest fest und bestätigt dieses Untersuchungsergebnis bei einer Zweitvorstellung des Kindes 1940, das bei den Königsberger Ärzten aber nicht zu einer Änderung ih-rer Diagnose führt.

1943 hält Direktor Eisermann auf der Konferenz der Kreis-schulräte im Regierungsgebäude von Königsberg einen Vortrag über das gehörgeschädigte Kind. Er beabsichtigt dadurch das In-teresse zu wecken, sinnesgeschädigte Kinder rechtzeitig und mehr als bisher den Sonderschulen zuzuweisen. Nach dem Vortrag fin-den in der Blindenschule und der Gehörlosenschule der Stadt Königsberg Vorführungen statt (vgl. Die deutsche Sonderschule 1943, 73). Auf Veranlassung des Oberpräsidenten werden 1943 in den beiden noch bestehenden Gehörlosenschulen der Provinz Ostpreußen in Königsberg und Tilsit Beratungsstunden für schul-pflichtige Sprachkranke aller Art durchgeführt. Sprachheillehrgänge sind geplant (vgl. Die deutsche Sonderschule 1943, 73).

Gegen Ende der siebziger Jahre des 19. Jahrhunderts wird in der Provinz Ostpreußen eine Vielzahl taubstummer Kinder noch in Volksschulen unterrichtet. Die unbefriedigenden Ergebnisse dieses durch die Verallgemeinerungsbewegung angeregten Taubstummen-Hilfsunterrichts – bedingt durch ungeeignete Organisationsstruktur der Volksschule (u.a. hohe Klassenfrequenzen) und mangelnde Qualifikation der Lehrer – führen zum Ausbau des Taubstummenbildungswesens.

Zu Beginn des 20. Jahrhunderts gibt es in Königsberg, Tilsit und Rössel ausgebaute Provinzial-Taubstummenanstalten. Sie arbeiten nach einem einheitlichen Reglement. Seit 1910 werden darin auch Schüler mit Sprachgebrechen, und zwar Hörstumme und Aphasiker, unterrichtet.

Infolge des Ersten Weltkrieges wird einerseits die Ausbildung an den Taubstummenanstalten stark beeinträchtigt; andererseits sammeln Taubstummenlehrer durch ihre heilpädagogische Behandlung von sprachgeschädigten hirnverletzten Kriegsteilnehmern Erfahrungen, insbesondere auf dem Gebiet der motorischen und sensorischen Aphasien. In den zwanziger Jahren nehmen ostpreußische Taubstummenschuleinrichtungen die Grundsätze der Arbeitsschulbewegung auf.

Ab 1943 übernehmen die Gehörlosenschulen in Königsberg und Tilsit die Beratung von schulpflichtigen Sprachkranken. Überdies sind Sprachheillehrgänge in Vorbereitung.

1.2.3   Zum Hilfsschulwesen

Die institutionalisierte Fürsorge für Schwachsinnige und Epileptische in Ostpreußen beginnt mit Anstaltsgründungen in Rastenburg (1865), Lötzen (1868) und Carlshof (1882). Die als freie Wohltätigkeitseinrichtung gegründete Rastenburger Idiotenanstalt nimmt zunächst nur Kinder auf. Seit Inkrafttreten des Gesetzes vom 11. Juli 1891 werden vertragsmäßig auch die vom Provinzialverband in Anstalten unterzubringenden hilfsbedürftigen Idioten jeden Alters untergebracht. Das masurische Erziehungshaus zu Lötzen nimmt schwachbegabte Fürsorgezöglinge auf. Die vom Superintendenten Klapp ins Leben gerufene Heil- und Pflegeanstalt zu Carlshof in der Nähe von Rastenburg setzt sich zum Ziel, die Kranken „in leibliche und geistige Pflege zu nehmen und wenn möglich zu heilen" (Verwaltungsbericht Provinzialverband 1900, 28). Alle drei Anstalten verfügen später über eigene Schuleinrichtungen und Lehrkräfte.

Schulen für schwachsinnige Kinder entstehen in Ostpreußen zuerst in der Provinzhauptstadt Königsberg. Im Jahre 1885 wird dort die erste Hilfsschule mit zwölf Knaben und Mädchen eröffnet. Sie ist zunächst in der vierten Mädchenvolksschule untergebracht. Unterricht wird in den Fächern Religion, Deutsch, Rechnen, Zeichnen sowie Singen erteilt. Vorgesehen sind insgesamt 26 Unterrichtsstunden mit einer Dauer von je 30 Minuten. Dem Spiel und der freien Bewegung wird die übrige Zeit eingeräumt (vgl. Tromnau 1913, 181). Am 1. April 1887 wird Emma Rehs, die erste Hilfsschullehrerin Königsbergs und Ostpreußens, an diese Schule berufen. Sie wird 34 Jahre im Hilfsschuldienst arbeiten, ein vielbeachtetes Hilfsschulfibelwerk herausgeben und siebzigjährig aus dem Amt scheiden (vgl. Die Hilfsschule 1931, 181). Auf dem Alten Garten öffnet 1893 die zweite Königsberger Hilfsschule. Sind die Schüler so weit gefördert, daß sie dem auf normale Kinder ausgerichteten Unterricht voraussichtlich folgen können, werden sie an die Volksschulen überwiesen. Dies geschieht im Zeitraum von 1901 bis 1903 in 14 Fällen (vgl. Tromnau 1904, 72). Von einer Rücküberweisung dieser Schüler an die Volksschulen wird später abgesehen, da sie dem Unterricht auf Dauer nicht hinreichend folgen können, entmutigt werden und ihr Selbstvertrauen verlieren (vgl. Tromnau 1913, 183-184).

Sengstock (1905, 289) sieht die Gründe für einen Wandel der Hilfsschulen von „Versorgungsanstalten für alle Schüler, die anderwärts nicht gut untergebracht werden konnten", zu Heilanstalten in der besseren Ausbildung des Lehrpersonals, einer sich in den Dienst der Hilfsschule stellenden Anzahl psychiatrisch gebildeter Ärzte sowie dem Zusammenwirken erfahrener Hilfsschullehrer mit praktischen Psychologen. In seinem vor dem Königsberger Lehrerverein gehaltenen Vortrag zu „Grundlinien der Hilfsschulerziehung" beschäftigt sich Sengstock ausführlich mit der Frage, welche Kinder in die Hilfsschule gehören. Er bezieht die den Lehrern bekannte Schrift „Die pädagogische Pathologie oder die Lehre von den Fehlern der Kinder" (1890) von Ludwig Strümpell (1812-1899), der von 1831 bis 1833 am Pädagogischen Seminar der Königsberger Universität unter Herbart studiert hat, in seine Betrachtungen ein. Sengstock kommt zu dem Ergebnis, daß nicht nur die Schüler in die Hilfsschule gehören, „bei denen der psychische Mechanismus fehlerhaft ist, sondern auch diejenigen, bei welchen die höheren psychischen Funktionen abnorm sind, hochgradig nervöse und Kinder mit krankhaft vermindertem resp. pervers veranlagtem Willensvermögen" (Sengstock 1905, 297). Im Jahr 1902 entstehen in Tilsit eine Hilfsschule und in Wormditt die Anstalt St. Andreasberg, die schwachsinnige Zöglinge aufnimmt. Leiter dieser Anstalt ist der Erzpriester A. Hinzmann, der sich später um die Krüppelfürsorge verdient macht. Am 12. Februar 1918 wird A. Hinzmann als Abgeordneter des Zentrums im preußischen Landtag den Antrag einbringen, „die Staatsregierung zu ersuchen, in der nächsten Tagung des Abgeordnetenhauses einen Gesetzentwurf vorzulegen, wodurch den unbemittelten Krüppeln unter 16 Jahren eine ähnliche Fürsorge entgegengebracht werden soll, wie sie den Geisteskranken, Schwachsinnigen, Fallsüchtigen, Blinden und Tauben durch das Gesetz vom 11. Juli 1891 gewährleistet ist" (Der Krüppelführer 1928, 53). Dieses Gesetz schreibt das Recht auf Bewahrung, Kur und Pflege in geeigneten Anstalten fest.

Das Königsberger Hilfsschulwesen dehnt sich mit der Gründung weiterer Bildungseinrichtungen aus. So werden 1905 auf dem Tragheim die dritte Hilfsschule und im Jahr 1910 in Ponarth die vierte Hilfsschule eröffnet (vgl. Tromnau 1913, 181-182). 1909 entsteht ein Erziehungsheim für geistig minderwertige Kinder aus besseren Ständen unter der Leitung des Rektors der zweiten Hilfsschule E. Bendziula. Das Errichten dieser Privatanstalt wird mit den Schwierigkeiten begründet, für diese auf Privatunterricht angewiesenen Kinder geeignete Lehrer zu finden (vgl. Die Hilfsschule 1910, 24).

Stadtschulinspektor F. Tromnau berichtet 1913 detailliert über den Stand des Königsberger Hilfsschulwesens. Tromnau (vgl. 1913, 181-188) führt an, daß in den vier Hilfsschulen derzeit 410 Schüler in 23 Klassen lernen. Zur Aufnahme gelangen in der Regel Kinder, die zwei Jahre erfolglos die Volks- oder Mittelschule besucht haben. Hinzu kommen ausnahmsweise schulpflichtige Kinder, die bislang keine Schule besuchten. Drei Hilfsschulen haben sechs aufsteigende Klassen, wobei die Klasse VI als Vorklasse angesehen wird. Neueingetretene sehr schwache Kinder sollen darin durch allgemeine Tätigkeitsübungen (u.a. Aufstehen, Hinsetzen, Grüßen), Unterscheidungsübungen (z.B. nach Formen, Farben, Eigenschaften) und Übungen für Hand und Auge (Fröbelarbeiten, Vorarbeiten für das Schreiben und Zeichnen) unterrichtsfähig gemacht werden. Von besonderer Bedeutung sind in den Anfangsklassen die Sprechheilstunden für Kinder mit schweren Sprechfehlern (Stottern, Stammeln und andere) und die Artikulationsübungen. Die auf diesem Gebiet erfahrenen Hilfsschullehrerinnen E. Rehs und E. Witt haben ein dreiteiliges Lehrwerk für die Hilfsschule, bestehend aus einer Artikulationsfibel, einer Lesefibel und einem Lesebuch, entwickelt (vgl. dazu unten Kapitel 3.3, 115-120). Diese Lehrbücher finden in den Hilfsschulen Königsbergs seit Jahren mit Erfolg Anwendung (vgl. Tromnau 1913, 183).

Die von der Großstadt Königsberg ausgehenden Hilfsschulgründungen setzen sich in mittleren Städten Ostpreußens, in Insterburg (1909) und in Allenstein (1911), fort. Die Schule der aus der Idiotenanstalt hervorgegangenen Provinzial-Anstalt für

Schwachsinnige in Rastenburg hat nach dem Stand des „Kalenders für heilpädagogische Schulen und Anstalten" (vgl. 1912/13, 94) zwei Vorschulklassen, drei Schulklassen sowie eine Klasse für Kinder mit Sprachgebrechen. Diese Schule besuchen 64 Knaben und 25 Mädchen. 1913 wird die nach den Plänen des Arztes Heinrich Hoeftmann (1851-1917), Begründer der Orthopädie-Mechanik und der Deutschen Orthopädischen Gesellschaft (1901), erbaute Krüppelheil- und Lehranstalt für Ostpreußen zu Königsberg eröffnet. Durch einen Vertrag mit der Stadt, die dafür unentgeltlich den Anstaltslehrer stellt, hat die Anstaltsschule in den ersten Jahren ihres Bestehens auch für den Unterricht der Hilfsschulkinder des benachbarten Stadtteils Tragheimer Ausbau zu sorgen. Aus dem gemeinsamen Unterricht der in der Mehrzahl vollsinnigen sowie normalbegabten Körperbehinderten mit den Schwachbegabten bzw. Schwachsinnigen ergeben sich bald erhebliche Mißstände, da sich der Unterricht im wesentlichen an dem Hilfsschullehrplan ausrichtet. Eine entsprechende Eingabe bei der Stadtschuldeputation bewirkt, daß die Hilfsschulkinder im April 1920 in anderen Königsberger Schulen eingeschult werden (vgl. Kiewe o.J., 33). Im Jahr 1914 erhalten die von 537 Kindern besuchten Hilfsschulen Königsbergs Namen. Seitdem heißt die erste Hilfsschule Dinterschule, die zweite Comeniusschule, die dritte Diesterwegschule sowie die vierte Pfundtnerschule (vgl. Die Hilfsschule 1915, 42).

Gleich zu Beginn des Krieges treten im Schulbetrieb der Stadt tiefgreifende Veränderungen ein. Von 53 vorhandenen Schulgebäuden werden 27 der neuesten und geräumigsten von der Militärbehörde für Lazarett- und Unterkunftszwecke belegt, weitere im Verlauf des Krieges für die Unterbringung von Flüchtlingen genutzt. 1914 werden 208 Volks- und Hilfsschullehrer eingezogen. Ihre Zahl steigt weiter an. Durch den Mangel an Rohstoffen und Arbeitskräften sieht sich die Schule vor neue, bisher unbekannte Aufgaben gestellt. Es beginnt eine Zeit intensiver Sammeltätigkeit (Gold, Altmaterial, Brennesseln, Laubheu). Sie bewirkt, daß die Schüler dem Unterricht oft tagelang entzogen werden. Im April 1917 wird aus Hilfsschulklassen die fünfte Hilfsschule Königsbergs, die Franckeschule, gebildet und in von der Stadt angemieteten Räumen untergebracht (vgl. Verwaltungsbericht Stadt Königsberg Pr. 1913/1920, 9-12). Eine Rückkehr zur Normalität im Königsberger Schulleben tritt erst im Jahr 1920 ein. Die fortdauernde Knappheit und Teuerung der Lebensmittel sind jedoch weiterhin spürbar. Seit dem letzten Kriegsjahr besuchen zeitweilig unter 80 Prozent der schulpflichtigen Kinder die Schule. Gründe dafür sind Erkrankungen an Scharlach, Diphtherie und durch Unterernährung. Trotz weitestgehender amtlicher und privater Fürsorgetätigkeit nimmt die geistige Aufnahmefähigkeit der Heranwachsenden erheblich ab. Dank der Unterstützung durch die Quäker verbessert sich die Frühstücksversorgung in den Volksschulen. Sie kann auf weitere Schultypen ausgedehnt werden. Täglich werden etwa 7000 Personen bedacht (vgl. Verwaltungsbericht Stadt Königsberg 1913/20, 10). A. Grundig (vgl. 1926, 526) weist auf eine Erscheinung der Kriegsjahre und der Inflationszeit hin. Demnach sind die meisten Zöglinge, die zu dieser Zeit in ein Königsberger Heilerziehungsheim aufgenommen wurden, „solche sprachkranken Kinder, bei denen in kurzer Zeit Erfolge erzielt werden konnten, die von keinem der Angehörigen auch nur hätten vermutet werden können" (Grundig 1926, 526). Die Sprachleiden dieser Kinder führt er auf seelische Hemmungen zurück, die ähnlich auch bei nervösen Kindern auftreten, wenn sie das Lesen, Schreiben oder andere sehr genau auszuführende Tätigkeiten (Flechten und Falten) erlernen sollen (vgl. Grundig 1926, 526).

Auskunft über das von Grundig angeführte Heilerziehungsheim in Königsberg gibt ein Inserat in der Lehrerzeitung für Ost- und Westpreußen (vgl. 1920, 164). Daraus geht hervor, daß dieses Heim zurückgebliebene, schwer erziehbare, nervenkranke sowie sprachleidende Kinder aufnimmt. Sie werden in kleinen Gruppen durch Hilfsschullehrkräfte und Taubstummenlehrer unterrichtet. Für Zöglinge von höheren Schulen werden besondere Kurse angeboten. Eine ständige Beobachtung und Beratung ist durch einen Nervenarzt und einen Kinderarzt gegeben. Das Heilerziehungsheim hat eine ärztlich-pädagogische Leitung. Außerdem wird im Inserat mitgeteilt, daß Frau K. Grundig, die jahrelang in Trüpers Erziehungsheim in Jena tätig gewesen ist, nähere Auskünfte erteilt (vgl. Lehrerzeitung für Ost- und Westpreußen 1920, 164). Auch der Hilfsschullehrer A. Grundig arbeitet im Heilerziehungsheim in Königsberg und ist zuvor in dem von Johannes Trüper geleiteten heilpädagogischen Heim Sophienhöhe bei Jena tätig gewesen (vgl. dazu unten Kapitel 3.4, 120). 1920 werden in Königsberg vier Schulkindergärten für die schulpflichtigen, jedoch noch nicht schulreifen Kinder eröffnet. Bereits ein Jahr zuvor sind die ersten hauptamtlichen Schulärzte, eine Ärztin sowie zwei Ärzte, angestellt worden. Sie lösen die 13 nebenamtlichen Schulärzte ab. Damit wird eine gründliche ärztliche Untersuchung der Schüler ermöglicht und den Eltern die Gelegenheit gegeben, mit ihren Kindern die täglich stattfindenden kostenlosen Sprechstunden der Schulärzte zu besuchen. Die Zahl der von der Stadt Königsberg seit 1918 in Dienst gestellten Schulpflegerinnen steigt bis 1920 auf acht. Sie leisten durch die Erledigung besonders schwieriger Aufträge und Ermittlung der wirtschaftlichen und sittlichen Zustände in den Familien wertvolle Arbeit zu der Verbindung von Schule und Elternhaus. Dazu ist die Schule allein nicht in der Lage. Für Hilfsschulkinder mit Haltungsfehlern, besonders Skoliose, werden die vor Beginn des Krieges eingerichteten orthopädischen Heilkurse, die in der Kriegszeit nicht fortgesetzt werden konnten, ab 1920 wieder durchgeführt (vgl. Verwaltungsbericht Stadt Königsberg Pr. 1913/1920, 12-13).

In der zum Regierungsbezirk Allenstein gehörenden Kleinstadt Lyck werden 1922 zwei Hilfsklassen gegründet, die der Mädchenvolksschule angegliedert sind. 33 Kinder, 24 Knaben und neun Mädchen, besuchen diese Klassen. Die mittlere Stadt Elbing, die mit der Bildung des vierten Regierungsbezirks aus

Kreisen Westpreußens 1922 zu der Provinz Ostpreußen gehört, hat schon seit 1906 eine Hilfsschule. Sie hat knapp 20 Jahre nach ihrer Gründung neun Klassen, die von 205 Kindern, 100 Knaben und 105 Mädchen, besucht werden (vgl. Kalender 1925/1926, 45 u. 86). In seinem im Jahr 1921 vor dem ostpreußischen Hilfsschulverband gehaltenen Vortrag „Der Schwachsinn und seine Erkennung" (Klieneberger 1922, 63-64 u. 77-79) unterscheidet Klieneberger drei Schweregrade des angeborenen Schwachsinns: Debilität, Imbezilität und Idiotie. Nach seiner Darstellung ist der Imbezile der „Durchschnittstypus des Hilfsschülers" (Klieneberger 1922, 64). Neben geistigen und körperlichen Ausfällen zeigen sich bei ihm nicht selten Störungen im Bereich der Sprache. Der Imbezile lernt erst spät sprechen. Die Sprache ist zuweilen schwer verständlich, langsam und kloßig. Stottern, Stammeln und Lispeln sowie andere Störungen treten auf. Es zeigen sich Verbildungen des Gaumens und des Kiefers, Störungen der Zahnentwicklung und Zahnstellung, Schwerhörigkeit, Erkrankungen des Ohres, der Nase und des Rachens, wie Polypen und Wucherungen, die sich auf die Sprache auswirken. Auch die Schrift des Schwachsinnigen ist meist auffällig. Ihrer pädagogischen Beeinflußbarkeit nach kann man Debile als bildungsfähig, Imbezile als erziehungsfähig und Idioten als disziplinierbar einstufen (vgl. Klieneberger 1922, 64 u. 77).

Der Königsberger Hilfsschullehrer B. Grünberg (vgl. 1925, 666-667) wendet sich in Auseinandersetzung mit Auffassungen aus Volksschullehrerkreisen gegen die Inanspruchnahme der Hilfsschule als Nachhilfeschule. Er erwähnt hierbei den entsprechenden Ministerial-Erlaß vom 2. Januar 1905 und weist die Zuständigkeit für geistig normale Kinder, die aufgrund des unregelmäßigen Schulbesuchs, vernachlässigter häuslicher Erziehung oder wegen Krankheit zurückbleiben, an die Volksschule zurück. Nach seiner Ansicht muß die Hilfsschule in erster Linie Erziehungsschule sein, da ihre Schüler durch Entwicklungsstörungen des Gehirns und Nervensystems geistige und seelische Ausfälle zeigen (vgl. Grünberg, 1925, 666). F. Gerlach, Rektor der Hilfsschule in Tilsit, demonstriert 1926 auf einer Versammlung des ostpreußischen Hilfsschulverbandes die für Hilfsschüler charakteristischen Ausfälle an Kindern der Comenius- und der Diesterwegschule in Königsberg. Er führt besonders Schüler mit motorischen Störungen (Ungeschicklichkeit, schwankender Gang, Gleichgewichtsstörungen), motorischer und sensorischer Aphasie, Lese-, Schreib- und Rechenstörungen sowie Mängeln im logischen Denken vor (vgl. Die Hilfsschule 1926, 390).

Im Jahr 1926 spricht auch der Hilfsschullehrer P. Martinu im Königsberger Hilfsschulverband über die Sinnesübungen nach Maria Montessori (1870-1952), die er für die Hilfsschule empfiehlt. In der Presse (1927) sowie im Rundfunk (1928) macht er ihren pädagogischen Ansatz in Beiträgen unter dem Titel „Sinnesübungen nach Dr. Maria Montessori und ihre besondere Bedeutung für den Unterricht des Hilfsschulkindes" in Ostpreußen publik. Die Sinne soweit als möglich zu isolieren, ein Grundsatz von Montessori, sieht Martinu für die Arbeit mit dem Material in der Hilfsschule als wertvoll an, ebenso das Ausgehen von „wenig stark entgegengesetzten Reizen" (Martinu 1927, 542). Zur regen fortbildenden Vortragstätigkeit der Hilfsschullehrer Ostpreußens in ihrem Verband treten ab 1927 Vorträge im Ostmarken-Rundfunk zur Verbreitung des Hilfsschulgedankens und viele Veröffentlichungen in der Tages- und Lehrerpresse (vgl. Die Hilfsschule 1927, 504-505).

Der aus dem Kreis der ostpreußischen Land- und Kleinstadtlehrer stammende, nicht namentlich in Erscheinung tretende Verfasser des Beitrags „Unsere Schwachen in der Schule" will seinen Kollegen Wege weisen, sie ermutigen, die vielleicht schon aufgegebene Arbeit mit den schwachbefähigten Kindern an ihren Schulen wiederaufzunehmen (vgl. Schwachen 1927, 543-547). Anders als die Lehrer in den Städten mit Hilfsschulen müssen sie diese Schüler behalten. Der Autor widmet sich ausführlich dem Erscheinungsbild des Schwachbefähigten, seinen geistigen, körperlichen und seelischen Mängeln. Umfassend beschreibt er die auftretenden Sprachstörungen: Stottern, Stammeln, Näseln und die Aphasie (vgl. Schwachen 1927, 545). Das Stottern wird nach seiner Ansicht durch eine zentrale Störung des Nervensystems, des Gehirns sowie der Koordinationszentren des Rückenmarks verursacht. Das Zusammenwirken der Muskeln ist gestört. Unwillkürliche Kontraktionen (Krämpfe oder Spasmen), sie begleitende Mitbewegungen, ein Mangel an Energie, Selbstbewußtsein und Selbstwertgefühl sowie das Auftreten von Angstzuständen sind Kennzeichen dieser Störung. Die Schule berücksichtigt bei Stotterern und Schulanfängern „zu wenig das noch bestehende Mißverhältnis zwischen Sprechlust und Geschicklichkeit der Muskulatur" (Schwachen 1927, 545). Durch Berufen, Achten auf deutliches Sprechen und Forcieren wird im Unterricht meist das Gegenteil des Beabsichtigten erreicht. Die Schwächung des Selbstbewußtseins stotternder Kinder ist die Folge. Hinzu kommt oft das Nachahmen und Belächeln der unbeholfenen Sprache auf dem Schulhof und im Elternhaus. Zur Heilung der Stotternden empfiehlt der Autor den Lehrern zuerst, die Eltern anzuregen, eine allgemeine Nervenbehandlung durchzuführen (vgl. Schwachen 1927, 545).

Mit der von den Eltern zu leistenden Behandlung ist die gesunde Ernährung des stotternden Kindes, sein Fernhalten von Genußgiften wie Koffein und Alkohol sowie das Verabreichen von beruhigendem Baldriantee gemeint. Ferner ist dem Kind viel Gelegenheit zur Bewegung an der frischen Luft (Wandern, Eislaufen) zu geben. Der Sprachstörung darf im täglichen Umgang keine Beachtung geschenkt werden. Nach Auffassung des Autors ist das Stottern oft ein Problem der Elternbehandlung (Schwachen 1927, 545).

Für die Behandlung durch den Lehrer gibt es keine eigentliche Methode. Hier sind zwei Vorgehensweisen möglich, die physiologische (nach Gutzmann) und die psychologische, die auf jede bewußte Übung verzichtet. Bei der psychologischen Behandlung liest oder spricht der Lehrer mit dem Stotternden mit. Verharrt dieser, liest der Lehrer weiter. Eine andere Variante besteht darin, daß der Therapeut einen Satz vorspricht und diesen dann gemeinsam mit dem Stotternden wiederholt. Bei jeder weiteren Wiederholung wird der Therapeut leiser und spricht zuletzt gar nicht mehr mit dem Stotternden mit. Es schließt sich das Nachsprechen kleiner Erzählungen an. Das wird schon als bedeutend schwieriger eingestuft, da der Text nicht wörtlich festgehalten ist. Hierbei wird das Anhalten im Sprechen als ganz natürlich erklärt. Danach folgen das Nacherzählen gelesener Geschichten und das Sprechen in Gegenwart fremder Personen. Das letztere ist bedeutsam, weil es das Selbstbewußtsein stärkt (vgl. Schwachen 1927, 545). Zur Berücksichtigung der körperlichen Mängel Schwachbefähigter empfiehlt der Autor den Land- und Kleinstadtlehrern, die Kurzsichtigen nach vorn zu setzen, auf die Schwerhörigen durch ausgiebiges Chorsprechen einzugehen und Sprachgebrechen durch Einzelunterricht zu beseitigen versuchen. Zu beachten ist auch die leichte Ermüdbarkeit dieser Kinder (vgl. Schwachen 1927, 546).

In zwölf Städten Ostpreußens sind insgesamt 78 Hilfsschulklassen mit 1541 Schülern und 79 Lehrern vorhanden. 1930 und 1931 wird in den Regierungsbezirken Allenstein und Königsberg die Anzahl der hilfsschulbedürftigen Kinder mit Hilfe von umfangreichen statistischen Erhebungen ermittelt. Der Hilfsschulverband Ostpreußens verfolgt gemeinsam mit den Bezirks- und Kreislehrerräten damit das Ziel, die Notwendigkeit der Gründung von Hilfsschulen auf dem Land und in Kleinstädten zu belegen (vgl. Nendza 1930, 227). Allein im Kreis Ortelsburg des Regierungsbezirks Allenstein werden unter 11.656 Volksschülern 549 hilfsschulbedüftige Kinder ermittelt. Ihre Anzahl ist in kleinen Landschulen mit ein bis drei Klassen höher als in mehrklassigen Stadtschulen dieses Kreises (vgl. Nendza 1930, 227). In den Land- und Kleinstadtschulen des Regierungsbezirks Königsberg sind nach den Erhebungen 2413 Kinder hilfsschulbedürftig, 1459 Knaben und 954 Mädchen. An der Gesamtschülerzahl von 83.446 gemessen, sind demnach 2,86 Prozent hilfsschulbedürftig. Von den ermittelten Kindern werden 87 als anstaltsbedürftig eingestuft, davon 44 für Idiotenanstalten sowie 43 für Krüppelheilanstalten (vgl. Grünberg 1931, 544 u. 546).

Knoch (vgl. 1931, 154-155) regt zur Beschulung von hilfsschulbedürftigen Kindern auf dem Land die Gründung von Landerziehungsheimen nach dem Vorbild der von Hermann Lietz (1868-1919) begründeten Heime oder der Schulfarm Scharfenberg in Berlin-Reinickendorf (1922) an. Im Mittelpunkt der Ausbildung sollte die praktische Arbeit stehen. Das Landerziehungsheim könnte mit einer aus Obst- und Gemüsegarten, Bienenstand, Geflügelhof und Werkstätten bestehenden Wirtschaft verbunden werden, in der die Hilfsschüler praktisch tätig sind. Der Lehrer hätte die Möglichkeit, im Sinne des Gesamtunterrichts von Berthold Otto (1859-1933) vorzugehen (vgl. Knoch 1931, 155). Anfang Mai 1931 wird für den Regierungsbezirk Königsberg im Schloß Worienen, Kreis Pr. Eylau, ein Landhilfsschulheim eingerichtet. Aus allen 13 Kreisen dieses Regierungsbezirkes sollen zunächst je zwei Knaben im Alter von neun bis zwölf Jahren in das Heim aufgenommen werden. Für die wohnliche Unterbringung und Beköstigung der Hilfsschulkinder sorgt gemäß einem Vertrag zwischen dem Eigenschulverband Worienen und dem preußischen Staat die Gemeinde Worienen (vgl. Grünberg 1931, 547-548). Die Finanzierung übernehmen die Bezirksfürsorgeverbände der Kreise. In einem Flügel des Schlosses ist bereits eine zweiklassige Volksschule des Kreises Pr. Eylau mit Lehrerdienstwohnungen untergebracht (vgl. Grünberg 1931, 547-548). Auf die Entstehungsgeschichte der Hilfsschulen zurückblickend, hebt Goronczy (vgl. 1931, 198) hervor, daß die Forderung nach besonderer Beschulung schwachsinniger Kinder durch die Psychologie, Unterrichts- und Erziehungslehre von Herbart unterstützt worden ist, die eine Umwälzung in den pädagogisch interessierten Kreisen hervorgerufen hat. Im Hinblick auf den gegenwärtigen Entwicklungsstand des Hilfsschulwesens stellt er fest, daß es in Deutschland rund 140.000 hilfsschulbedürftige Kinder gibt. Davon besuchen 50 Prozent die Hilfsschule. Die anderen lernen in der Volksschule. Bis zu einem Drittel der Hilfsschulausbildung ist der Handbetätigung gewidmet (vgl. Goronczy 1931, 199).

Aufgrund einer Notverordnung treten am 1. April 1932 an den Königsberger Hilfsschulen zwei Rektoren, ein Konrektor und drei Lehrerinnen in den Ruhestand (vgl. Die Hilfsschule 1932, 178). In Ostpreußen muß jedoch keine Hilfsschuleinrichtung schließen. Vier Hilfsschulklassen werden neu eingerichtet (vgl. Die Hilfsschule 1932, 178 u. 690). Fricke-Finkelnburg (vgl. 1989, 134) stellt dar, daß 1933 zunächst Unklarheit über das weitere Schicksal der Hilfsschule besteht. Hilfsschuleinrichtungen werden geschlossen, um Kosten zu sparen. Regional sehr unterschiedlich und mit gegenläufigen Tendenzen setzt sich diese Entwicklung zunächst fort. Im Juli 1933 wird dann das „Gesetz zur Verhütung erbkranken Nachwuchses" erlassen. „Einrichtungen wie die Hilfsschule erschienen nun den Rassefanatikern als ,Sammelbecken' für die ,Ausmerze kranker Erbgänge' ..." (Beschel 1968, 1337). 1935 tritt ein Erlaß zur „Sterilisation von Hilfsschulkindern" in Kraft (vgl. Fricke-Finkelnburg 1989, 134). Die Hilfsschullehrer sollten bei der Feststellung der zu sterilisierenden Personen mitwirken. Ganz im Sinne der nationalsozialistischen Ideologie handeln Teile der Hilfsschullehrerschaft. So berichtet Hilfsschulrektor Preuß im Jahr 1936 auf einer Tagung der Fachschaft V des Nationalsozialistischen Lehrerbundes Gau Ostpreußen über eine „Erbbiologische Bestandsaufnahme" (Die deutsche Sonderschule 1936, 308). Demnach arbeiten acht Lehrkräfte der Königsberger Hilfsschulen seit einneinhalb Jahren ehrenamtlich an dieser Aufgabe. Auch die aus der Schule entlassenen Hilfsschüler werden in Zusammenarbeit mit dem Gesundheitsamt erfaßt. Der Schulungsleiter dieses Amtes für die Erzieher, Kitzinna, hat auf der Fachschaftstagung „als wichtige Aufgabe der Sonderschule im nationalsozialistischen Staate die Mitarbeit bei der Ausmerze" bezeichnet (vgl. Die deutsche Sonderschule 1936, 308).

Mit der im Jahr 1937 beginnenden Umgestaltung der Volksschule wird der Hilfsschule eine weitere Funktion zugewiesen. Sie soll die Volksschule von leistungsschwachen Schülern entlasten. Dies wird 1938 in der „Allgemeinen Anordnung über die Hilfsschulen in Preußen" festgehalten (Fricke-Finkelnburg 1989, 138). Nach dem Stand vom 25. Mai 1939 gibt es in der Provinz Ostpreußen 28 Hilfsschulen mit 2704 Schülern (vgl. Statistisches Reichsamt 1942, 637). Mit den im Jahr 1942 erscheinenden „Richtlinien für Erziehung und Unterricht in der Hilfsschule" ist für ihre Arbeit eine neue Grundlage geschaffen. Die Hilfsschule wird „ein fester Bestandteil des NS-Erziehungswesens, ausgerichtet an seinen ideologischen und ökonomischen Zielsetzungen" (Fricke-Finkelnburg 1989, 134). Aufgrund des hohen kriegsbedingten Arbeitskräftebedarfs steht die leistungsorientierte und berufsvorbereitende Ausbildung der Hilfsschüler im Vordergrund. Nach diesen Richtlinien gehört zum „Wesen jedes Hilfsschulunterrichts …, die in der Regel irgendwie beeinträchtigte Sprachentwicklung des Hilfsschulkindes nach Möglichkeit zu fördern. Der gesamte Unterricht steht daher im Dienste der Sprachbildung. Besonderen Sprachgebrechen ist durch eine Sprachheilbehandlung Rechnung zu tragen" (Richtlinien 1989, 144).

Wie dargestellt, geht die Gründung von Schulen für schwachsinnige Kinder, für die „ab 1883 der Name ‚Hilfsschule' gebräuchlich" wird (Möckel 1988, 179), in Ostpreußen von der einzigen Großstadt Königsberg aus. Nachdem dort 1885 und 1893 die ersten Hilfsschulen entstanden sind, dehnt sich das Hilfsschulwesen mit Schulgründungen in Tilsit (1902), Insterburg (1909) und Allenstein (1911) auf die mittleren Städte der Provinz Ostpreußen aus. In den ostpreußischen Kleinstädten und auf dem Land entstehen Hilfsschuleinrichtungen erst in den zwanziger und dreißiger Jahren. In der Kleinstadt Lyck werden 1922 zwei Hilfsklassen eingerichtet. Im Jahr 1931 entsteht im Kreis Pr. Eylau ein Landerziehungsheim.

Kinder mit schweren Sprechfehlern (Stotterer, Stammler u.a.) werden an den Königsberger Hilfsschulen nach dem Stand von 1913 in speziellen Sprechheilstunden gefördert. Im gleichen Jahr gibt es in der Provinzial-Anstalt für Schwachsinnige in Rastenburg eine Klasse für Kinder mit Sprachgebrechen. Außerdem werden sprachkranke Kinder in ein Königsberger Heilerziehungsheim aufgenommen.

Das Erscheinungsbild des Hilfsschulkindes ist in den zwanziger Jahren Gegenstand von zahlreichen in der Lehrerzeitung für Ost- und Westpreußen veröffentlichten Beiträgen und von Vorträgen im ostpreußischen Hilfsschulverband. Daraus geht hervor, daß Hilfsschüler in dieser Zeit nicht selten folgende Störungen im Bereich der Sprache zeigen: Stottern, Stammeln, Näseln sowie motorische und sensorische Aphasie. Den Lehrern an Schulen in Kleinstädten und auf dem Land wird empfohlen, ihren schwachbefähigten Schülern mit Sprachgebrechen einzeln Unterricht zu erteilen. Dafür sind zwei Behandlungswege aufgezeigt, die physiologische Methode nach Gutzmann und ein ausführlich dargestellter psychologischer Therapieansatz. Aus dem letzteren ist die Methode von A. Liebmann (1865-1934) erkennbar, auf die Braun detailliert eingeht (vgl. Braun 1997, 105f.)

Ende der zwanziger und zu Beginn der dreißiger Jahre werden von ostpreußischen Hilfsschullehrern reformpädagogische Impulse aufgenommen (z.B. M. Montessori, B. Otto, H. Lietz, Schulfarm Scharfenberg).

Die in der NS-Zeit, während des Zweiten Weltkrieges, erscheinenden Richtlinien für die Hilfsschule geben eine gezielte Sprachheilbehandlung für Kinder mit Sprachgebrechen vor.

2.   Medizinische Grundlagen

2.1   Die Aphasieklassifikation von Ludwig Lichtheim

Ludwig Lichtheim (1845-1928), geboren in Breslau, promoviert 1867 in Berlin zum Dr. med. Ab 1878 leitet er die Medizinische Klinik in Bern. 1888 wird Lichtheim als Ordinarius für Innere Medizin nach Königsberg an die Medizinische Universitätsklinik berufen, die er 24 Jahre bis zu seiner Emeritierung 1912 leitet (vgl. Scholz/Schroeder 1970, 50-52). Lichtheim wirkt als „universaler Kliniker" (Vogt 1996, 279) fördernd auf allen Gebieten der Inneren Medizin. Sein besonderes Interesse gilt der Neurologie. Im Jahr 1885 veröffentlicht er eine grundlegende Aphasiearbeit, die bereits im Erscheinungsjahr in englischer Übersetzung vorliegt. 1891 begründet er gemeinsam mit A. Strümpell, W. Erb sowie F. Schultze die „Deutsche Zeitschrift für Nervenheilkunde" (vgl. Vogt 1996, 279-280).

Lichtheim baut mit seiner Arbeit „Über Aphasie" (1885), im Englischen „On Aphasia" (1885), auf der des Psychiaters Carl Wernicke (1848-1905) „Der aphasische Symptomencomplex" (1874) auf. Wernicke unterscheidet drei Grundformen: motorische Aphasie, sensorische Aphasie und Leitungsaphasie. Ziel der Ausführungen Lichtheims ist es, „eine noch weitergehende Differenzirung des Symptomenbildes zu befürworten" (Lichtheim 1885a, 206). Im Hinblick auf neueste Kontroversen auf dem Gebiet der Aphasielehre sieht er keine wirkliche Divergenz, bezogen auf die Methode und das zu erreichende Ziel. Die Methode ist fest verbunden mit der Beobachtung und gipfelt in deren Deutung. „Es gilt, die für die Sprache und die ihr nahestehenden Functionen unerlässlichen Innervationsbahnen und deren Verknüpfungen zu erkennen sowie die Lage derselben im Gehirn zu bestimmen" (Lichtheim 1885a, 204-205). Wenn dieses Ziel erreicht ist, „wird die Unterbrechung einer jeden dieser Bahnen

einem ganz bestimmten, scharf gekennzeichneten Symptomen-
bilde entsprechen müssen" (Lichtheim 1885a, 205). Die von ihm
neu entwickelten Krankheitsbilder hat Lichtheim auf dem Weg
der Deduktion gewonnen und später durch klinische Beobachtungen bestätigen können. Die Notwendigkeit der weiteren Dif-
ferenzierung des Symptomenbildes der Aphasie ergibt sich für
ihn bei dem Versuch, die bislang bekannten Aphasieformen anhand eines Schemas leicht verständlich für den Unterricht
darzustellen. Dabei knüpft er in wesentlichen Punkten an bereits
bekannte Anschauungen an und steht den von Wernicke entwickelten am nächsten (vgl. Lichtheim 1885a, 206-207). Sein
Aphasieschema ist folgendermaßen aufgebaut (s. Abb. 1).

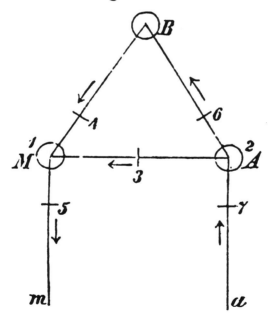

Abb. 1: Aphasieschema von L. Lichtheim (1885 a, 207)

Die in dem Aphasieschema (s. Abb. 1) verwendeten Buchstaben kennzeichnen A das Klangbildzentrum, M das Bewegungsbildzentrum und B die Bildungsstätte der Begriffe. Dieser schematischen Darstellung liegt der für die Nachahmungssprache des Kindes notwendige Reflexbogen zugrunde. Er besteht aus dem centripetalen Schenkel aA, der die Gehöreindrücke nach A übermittelt, und dem aus M tretenden centrifugalen Schenkel Mm, der die Sprachbewegungen innerviert. Der Reflexbogen wird mit der Verbindung zwischen A und M beschlossen. Sobald das Verständnis für die Bedeutung der nachgeahmten Wörter da ist, muß sich eine Verbindung herstellen, die vom Klangbildzentrum A zur Bildungsstätte der Begriffe B führt. Bis zu diesem Punkt stimmen alle zur Deutung der Sprachvorgänge ersonnenen Schemata deutscher Autoren überein (vgl. Lichtheim 1885a, 207).

Die Kontroversen beginnen mit dem folgenden Schritt. Für die nächste Stufe in der Sprachentwicklung, das willkürliche oder begriffliche Sprechen, muß zwischen B und M eine centrifugale Leitung hergestellt werden. Lichtheim nimmt mit seinem Schema, wie die Mehrzahl der Autoren, die direkte Verbindung zwischen B und M an. Demgegenüber postuliert Kussmaul die Leitung von B nach M durch A. Abgesehen vom Punkt B läßt sich aus Lichtheims schematischer Darstellung entnehmen, daß die angenommenen Verbindungen sieben verschiedene Unterbrechungen zulassen (vgl. Lichtheim 1885a, 207-208). Anhand seines Schemas leitet Lichtheim für jede der sieben möglichen Unterbrechungen der Innervationsbahnen ein Symptomenbild ab. Das Vorhandensein dieser theoretisch entwickelten Erscheinungsformen der Aphasie sucht er durch Fallbeispiele aus der Literatur und eigene klinische Beobachtungen zu fundieren. Zu diesem Zweck betrachtet Lichtheim jede der sieben Formen näher (vgl. Lichtheim 1885a, 209).

Das erste Symptomenbild ergibt sich aus der Unterbrechung in M, dem Bewegungsbildzentrum oder motorischen Sprachzentrum. Es ist gekennzeichnet durch den Verlust der willkürlichen

Sprache, des Nachsprechens, des Lautlesens, des willkürlichen Schreibens sowie des Schreibens auf Diktat. Erhalten sind: das Verständnis der Sprache, das Verständnis der Schriftzüge und die Fähigkeit, Vorlagen abzuschreiben. Dieses Symptomenbild ist „das der echten Broca'schen Aphasie" (Lichtheim 1885a, 209), die der von C. Wernicke als motorische sowie von A. Kussmaul als ataktische Aphasie bezeichneten entspricht. Lichtheim verzichtet darauf, für dieses Symptomenbild Beispiele anzuführen, da er diese Aphasieform für die am sichersten fundierte hält (vgl. Lichtheim 1885a, 209).

Das zweite Symptomenbild folgt aus der Unterbrechung im Punkt A, dem Klangbildzentrum der Worte. Es ist verbunden mit dem Verlust des Sprachverständnisses, des Schriftverständnisses, der Fähigkeit nachzusprechen, auf Diktat zu schreiben und laut zu lesen. Erhalten sind die Fähigkeiten zu schreiben, Vorlagen zu kopieren sowie die der willkürlichen Sprache. Dieses Symptomenbild entspricht der sensorischen Aphasie Wernickes. Dabei ist die Sprache erheblich gestört, obwohl die Fähigkeit der willkürlichen Sprache erhalten ist. Es werden falsche Wörter eingesetzt sowie Wörter durch Einschiebungen fehlerhafter Silben entstellt. Dadurch ist die Sprache mitunter unverständlich. Diese Sprachstörung wird anderweitig als Paraphasie bezeichnet. Lichtheim führt dazu Wernickes Deutung an und fügt seine eigene hinzu, nach der die Innervation des Klangbildes nicht ausreicht, um eine intakte Sprache zu garantieren. Unerläßlich ist, daß die Verbindung AB unversehrt bleibt (vgl. Lichtheim 1885a, 211). Lichtheim hat kein eigenes Fallbeisiel für die typische Form der sensorischen Aphasie zur Verfügung und verweist deshalb auf den von Wernicke beschriebenen Fall Adam. Die dritte Form der Aphasie entsteht durch eine Unterbrechung der Leitungsbahn MA. Aus seinem Schema leitet Lichtheim dafür das folgende Symptomenbild ab. Das Verständnis der Sprache sowie das der Schrift und das Kopieren von Vorlagen sind vollständig intakt. Die willkürliche Sprache zeigt Erscheinungen der Paraphasie und die willkürliche Schrift die der Paragraphie. Dieselben Störungen treten beim Nachsprechen, Lautlesen sowie Schreiben auf Diktat ein. Diese Fähigkeiten sind jedoch nicht völlig verloren, weil anstelle der Leitungsbahn AM die Bahn ABM zur Verfügung steht. Lichtheim bemängelt, daß es zu dieser schon von Wernicke beschriebenen, häufiger beobachteten Aphasieform keine vollständigen Aufzeichnungen gibt, und bringt ein eigenes Fallbeispiel. Er benennt die dritte Form nach Wernicke als Leitungsaphasie (vgl. Lichtheim 1885a, 213-214 u. 252).

Die vierte, durch Unterbrechung der Leitungsbahn MB entstehende Form bezeichnet Lichtheim als „eine Abart der motorischen Aphasie" (Lichtheim 1885a, 222). Anhand des Schemas entwickelt er deren Symptomenbild. Die willkürliche Sprache und Schrift sind dabei verloren, das Verständnis der Sprache und der Schrift sowie die Fähigkeit zu kopieren erhalten. Bis dahin stimmt das Symptomenbild mit dem der Broca-Aphasie überein. Im Unterschied zu diesem sind auch noch das Nachsprechen, das Diktatschreiben sowie das Lautlesen intakt. Für das bei dem Verlust der willkürlichen Sprache erhaltene Nachsprechen gibt es eine Vielzahl von Beispielen. Bezugnehmend auf eine derartige Beobachtung von Hammond, erscheint ihm bei dem beschriebenen Kranken die erhaltene Fähigkeit, laut vorzulesen, noch auffallender und bestätigt dieses Symptom durch ein eigenes Fallbeispiel (vgl. Lichtheim 1885a, 222-224). Die fünfte Form der Aphasie entsteht durch Unterbrechung der Leitungsbahn Mm. Das abgeleitete Symptomenbild sieht wie folgt aus. Die willkürliche Sprache, das Nachsprechen und das Lautlesen gehen verloren. Erhalten sind: das Verständnis der Sprache und der Schriftzeichen wie auch die Fähigkeit zu kopieren. Im Unterschied zur ersten dargestellten Aphasieform, der Broca-Aphasie, sind ferner das willkürliche Schreiben und das Diktatschreiben erhalten. Lichtheim verzichtet angesichts einer Vielzahl veröffentlichter Beobachtungen dieser Art auf die Darstellung des von ihm aufgezeichneten Falles. Er umschreibt die fünfte Form als eine „Varietät der motorischen Aphasie" (Lichtheim 1885a, 224).

Die fünf bisher betrachteten Gruppen von Funktionsstörungen entsprechen bereits bekannten Symptomenbildern. Lichtheim hat diese Aphasieformen dargestellt, um sie ungezwungen zu deuten. Aus seiner Darstellung zieht er den Schluß, daß es noch zwei weitere Krankheitsbilder, und zwar „Abarten der sensorischen Aphasie Wernickes", geben muß (Lichtheim 1885a, 227). Er sieht in seiner Entdeckung folgender Aphasieformen mit den theoretisch abgeleiteten Symptomen und dazugehörigen Beispielen die Gewähr, daß die Auffassung der aphasischen Störungen richtig ist.

Eine sechste Form der Aphasie, die durch die Unterbrechung der Leitungsbahn AB entsteht, muß folgendes Symptomenbild aufweisen. Das Sprachverständnis und das Schriftverständnis sind verloren. Erhalten ist die willkürliche Sprache, die jedoch die Störungen der Paraphasie zeigt. Bis dahin stimmt das Symptomenbild mit dem der sensorischen Aphasie von Wernicke überein. Im Unterschied dazu ist die willkürliche Schrift erhalten, bei der aber Störungen der Paragraphie auftreten. Der Grund dafür ist die Unterbrechung des Bogens BMAB. Ferner sind das Nachsprechen, Lautlesen und Schreiben auf Diktat erhalten. Die Leitungsunterbrechung von A nach B führt aber dazu, daß jedes Verständnis für das Nachgesprochene, für das laut Gelesene sowie das auf Diktat Geschriebene fehlen muß. Dasselbe gilt, wie bei der sensorischen Aphasie von Wernicke, für das Kopieren von Vorlagen. Das Vorhandensein der von ihm theoretisch entwickelten sechsten Aphasieform belegt Lichtheim an einem selbst beobachteten Krankheitsfall ausführlich (vgl. Lichtheim 1885a, 227-235).

Die siebente Form folgt aus der Unterbrechung der Leitungsbahn Aa. Nach Lichtheims Auffassung gehört sie nicht mehr zu den aphasischen Störungen, da die Sprache bei ihr vollkommen unversehrt bleibt. Er hält es dennoch für notwendig, diese Form den anderen sechs zuzuordnen, da ihr Symptomenbild nur im Zusammenhang mit denselben verständlich wird. Es zeigt nach Ableitung aus dem Schema einen Verlust des Sprachverständnisses, der Fähigkeit nachzusprechen sowie auf Diktat zu schreiben. Erhalten sind: die willkürliche Sprache, die willkürliche Schrift, das Schriftverständnis, das Lautlesen und das Kopieren von Vorlagen. Erscheinungen der Paraphasie und Paragraphie sind nicht vorhanden, weil der Bogen BMAB intakt ist. Nach Ansicht Lichtheims könnte man diese Störung als „isolierte Sprachtaubheit" bezeichnen, da sich die Unfähigkeit, nachzusprechen und auf Diktat zu schreiben, allenfalls unter diesem Begriff fassen ließe. Die Existenz dieses von ihm konstruierten Symptomenbildes belegt Lichtheim durch folgendes Fallbeispiel (vgl. Lichtheim 1885a, 237-238).

Der ca. 55 Jahre alte Kranke, früher Lehrer und Journalist, erlitt zwei Schlaganfälle. Der erste verursacht Paraphasie und Paragraphie, die sich allmählich zurückbilden. Infolge des zweiten Schlaganfalls tritt eine dauerhafte Sprachtaubheit auf, die erkennbar ist am Verlust des Nachsprechens und Diktatschreibens. Der Patient macht den Eindruck eines völlig Tauben. Man kann nur schriftlich mit ihm verkehren. Mehrere Prüfungen belegen aber die intakte Hörfähigkeit. Er hört, wenn gepfiffen oder gesungen wird, erkennt aber die Melodien nicht. Seinen Kindern befiehlt er aufzuhören, wenn sie im Zimmer vierstimmig singen, was er früher sehr gern hatte. Er sagt, daß sie zu stark schreien. Vollkommen erhalten, nur etwas zögernd, ist seine Sprache. Die Schrift ist unversehrt. Er schreibt Beiträge, die mehrfach in der Zeitung seines Ortes abgedruckt werden. Nach Mitteilung seines Arztes ist sein Zustand unverändert geblieben (vgl. Lichtheim 1885a, 239-241).

Nach Ansicht von Lichtheim nimmt das siebente Symptomenbild eine Sonderstellung ein. Bei anderen von ihm beobachteten Fällen von Sprachtaubheit antworteten die Kranken auf alle Fragen, die man an sie richtete. Die Antworten paßten jedoch nicht zu den gestellten Fragen. Bei dem dargestellten Fall hat der Patient den Fragen, die an ihn gerichtet wurden, keine Aufmerksamkeit geschenkt, sie niemals beantwortet und dadurch den Eindruck erweckt, daß er taub sei. Eine Eigenart des Lichtheimschen Falls ist auch die völlige Persistenz dieses Symptoms. Lichtheim hält die beobachteten Besonderheiten seines Falles für „diagnostisch verwerthbare Eigenthümlichkeiten des Symptomencomplexes" (Lichtheim 1885a, 242), was man aber erst durch weitere analoge Fälle bestätigen muß.

Mit seiner Darstellung glaubt Lichtheim bewiesen zu haben, daß die aus seinem Schema abgeleiteten Symptomenkomplexe in Wirklichkeit existieren. Darüber hinaus befaßt er sich mit Formen aphasischer Störungen, bei denen mehrere Leitungsbahnen zur gleichen Zeit durchbrochen sein können. Einen Beleg für deren Vorhandensein sieht er in der Totalaphasie (vgl. Lichtheim 1885a, 242-243). Er geht weiteren möglichen Kombinationsformen nach und beschäftigt sich mit dem gleichzeitigen Auftreten der motorischen Aphasie und der Alexie. Ferner versucht Lichtheim, die von anderen Autoren beschriebene amnestische Aphasie seinem Schema zuzuordnen (vgl. Lichtheim 1885a, 244-254). Anschließend setzt er sich mit der Frage nach den Bezeichnungen für die sieben dargestellten Aphasieformen, denen jeweils eine Leitungsunterbrechung zugrunde liegt, auseinander. Als er im Juni 1884 Teile seines Aufsatzes „Über Aphasie" der südwestdeutschen Neurologen-Versammlung vortrug, hat er die Termini von Wernicke akzeptiert. Demnach ließen sich die Unterbrechungen der centrifugalen Leitung BMm als motorische Aphasien und die der centripetalen Leitung BAa als sensorische Aphasien bezeichnen. Nach weitergehenden Überlegungen kommt Lichtheim zu einem anderen Ergebnis. Die durch Läsionen von BMm entstehenden Störungen sollten den Namen Aphasie erhalten. Unter der Bezeichnung Sprachtaubheit oder Logokophosis könnten dagegen die Krankheitsbilder zusammengefaßt werden, die durch Unterbrechungen von BAa bedingt sind (vgl. Lichtheim 1885a, 255-256).

Beide so benannten Gruppen von Störungen gliedert Lichtheim noch in drei Unterabteilungen. Die Leitungsunterbrechung in M bezeichnet er als Kernaphasie, die Läsion in A als Kernsprachtaubheit. Die anderen Formen würden die Termini zentrale und periphere Leitungsaphasie bzw. Leitungssprachtaubheit erhalten. Für die durch Läsion der Bahn MA bedingte Störung schlägt Lichtheim vorerst die Bezeichnung Leitungsparaphasie vor. Wenn deren Lokalisation sicher geklärt sei, würde er für dieses Krankheitsbild den Terminus Inselaphasie wählen (vgl. Lichtheim 1885a, 256). Zum Abschluß seiner Arbeit „Über Aphasie" erörtert Lichtheim seine Hypothesen zur Lokalisation der beschriebenen Krankheitsbilder im Hirn (vgl. Lichtheim 1885a, 256-265). C. Wernicke setzt sich 1885 sowie 1886 in dem in Fortsetzungen erscheinenden Beitrag „Die neueren Arbeiten über Aphasie" mit 18 Veröffentlichungen deutscher und ausländischer Autoren auseinander, darunter mit der „Über Aphasie" (1885) von L. Lichtheim (vgl. Wernicke 1886, 371-377). Er greift das Aphasieschema von Lichtheim mit den sieben in Frage kommenden Leitungsunterbrechungen auf, die er jedoch in einer anderen Reihenfolge numeriert und bezeichnet. Gegenüber den Nomenklaturvorschlägen von Lichtheim äußert Wernicke Bedenken. Er hält es für nicht zweckmäßig, den weiten Begriff der Aphasie mit einem neuen, engeren Inhalt zu besetzen. Darüber hinaus sei es „anatomisch unrichtig, die Bezeichnung Kern, die den Ursprungskernen der Hirnnerven und ihren Analogis reservirt bleiben sollte, auf die Hirnrinde zu übertragen" (Wernicke 1886, 374-375). Als drittes Argument gegen die Termini Lichtheims führt er auf, daß es unzweckmäßig sei, „ein einzelnes Symptom, wie die Paraphasie, in die Nomenclatur distinctiver Formen hineinzuziehen, da es mehreren Formen zugleich angehört" (Wernicke 1886, 375). Wernicke macht deshalb den Vorschlag, die bisher verwendeten Bezeichnungen der motorischen und sensorischen Aphasie sowie Leitungsaphasie beizubehalten und die erforderlichen Ergänzungen danach zu wählen, ob die Rindenzentren selbst oder die Leitungsbahnen diesseits und jenseits derselben unterbrochen sind. Er weist darauf hin, daß die Adjektive „kortikal" und „subkortikal" schon lange in Gebrauch sind, und fügt als einzige notwendige Neuerung das Wort „transkortikal" hinzu (vgl. Wernicke 1886, 375).

Entgegen Lichtheims Vorschlägen werden die auf ihn zurückgehenden Aphasieformen bis in die Gegenwart nach den von Wernicke angeregten Termini als transkortikale motorische Aphasie (vierte Aphasieform Lichtheims) und transkortikale sensorische Aphasie (sechste Aphasieform Lichtheims) bezeichnet. Lichtheims Name wird heute in der Fachliteratur in Verbindung mit diesen beiden, von ihm erstmals beschriebenen Formen aphasischer Störungen genannt. Sein Aphasieschema, das auf dem von Wernicke aufbaut, ist selten im Detail dargestellt und erklärt. Es wird auch unter der Bezeichnung Wernicke-Lichtheim-Schema erwähnt. Die von Lichtheim unterschiedenen Abarten der motorischen und sensorischen Aphasie gelten durch in der Praxis beobachtete Erscheinungsbilder als belegt. Es wird aber betont, daß die zugrundeliegende Lokalisationstheorie nicht aufrechterhalten werden kann. Die Kritik daran wird schon viel früher geübt. So setzt sich Freud in seiner Schrift „Zur Auffassung der Aphasien" (1891) mit den Grundanschauungen von C. Wernicke und L. Lichtheim auseinander. Entgegen deren Vorstellungen von der Zuständigkeit besonderer Zentren für die einzelnen Bestandteile der Sprache nimmt Freud ein zentrales Sprachassoziationsfeld an.

Nach den gegenwärtigen Untersuchungen von Huber, Poeck und Weniger (1989, 107) entspricht den unterschiedlichen aphasischen Syndromen „eine differentielle Lokalisation der Läsion in der sprachdominanten Hemisphäre". Sie unterteilen die Aphasien, wenn das akute Krankheitsstadium vorüber ist, in vier Standard-Syndrome: globale Aphasie, Wernicke-Aphasie, Broca-Aphasie und amnestische Aphasie sowie in Nicht-Standard-Aphasien: Leitungsaphasie und transkortikale Aphasie. Anders als

Poeck und seine Mitarbeiter baut Leischner seine Einteilung der Aphasien auf den Syndromverläufen auf. Er unterscheidet folgende zehn Aphasiearten: Totalaphasie, gemischte Aphasie, motorisch-amnestische Aphasie, sensorisch-amnestische Aphasie, motorische Aphasie, amnestische Aphasie, zentrale (Leitungs-)Aphasie, sensorische Aphasie, semantische Aphasie sowie Reste einer Aphasie (vgl. Leischner 1987, 64-65). Eine Theorie der aphasischen Störungen, mit der er sich bewußt von den frühen Auffassungen Wernickes und Lichtheims abwendet, vertritt der zunächst in der Stadt Königsberg wirkende Neurologe und Psychiater Kurt Goldstein. Im Hinblick auf seine Arbeitsfelder sowie seine Aphasielehre erscheinen folgende Gesichtspunkte wichtig.

2.2   Zur Aphasielehre von Kurt Goldstein

Kurt Goldstein (1878-1965), geboren in Kattowitz, arbeitet von 1906 bis 1914 an der Psychiatrischen Klinik und Nervenklinik der Universität zu Königsberg. Dort ist er von 1907 bis 1915 auch als Privatdozent tätig. In dieser Zeit publiziert er erste Arbeiten zur Aphasie und Apraxie. Von 1914 bis zum Kriegsende ist die Klinik als Festungshilfslazarett Sammelpunkt für Menschen mit kriegsbedingten Hirnverletzungen (vgl. dazu oben Kapitel 1.2.2, 28). Goldstein widmet sich zuerst in Königsberg und später in Frankfurt/Main ihrer Behandlung. In der Zeit von 1930 bis 1933 leitet er die Neurologische Abteilung des Krankenhauses Moabit in Berlin und ist Professor für Neurologie und Psychiatrie an der Friedrich-Wilhelms-Universität. Er tritt als Mitherausgeber der Zeitschrift „Psychologische Forschungen" und der „Deutschen Zeitschrift für Nervenheilkunde" hervor. 1933 emigriert er nach Amsterdam und 1934 in die USA. Dort lehrt Goldstein an verschiedenen Universitäten und führt ab 1945 bis zu seinem Tod eine Privatpraxis (vgl. International Biographical Dictionary 1983, 398). In einer Vielzahl von Publikationen beschäftigt sich Goldstein mit der Anatomie des Nervensystems, der Lokalisation psychischer Vorgänge im Gehirn, mit Hirnverletzungen und -erkrankungen sowie deren Auswirkungen auf die Sprache. Zu letzteren gehören folgende Arbeiten: „Über Aphasie" (1910), „Die transkortikalen Aphasien" (1915), „Das Wesen der amnestischen Aphasie" (1924), „Language and Language Disturbances" (1948) sowie „Bemerkungen zum Problem ‚Sprechen und Denken' auf Grund hirnpathologischer Erfahrungen" (1954).

Am 28. Oktober 1909 hält K. Goldstein in der biologischen Sektion der Physikalisch-Ökonomischen Gesellschaft Königsbergs einen Vortrag über Aphasie. Demnach sieht er alle aphasischen Störungen bis auf die subkortikalen Aphasien als „Produkt der verschiedenartigen Läsion eines einzigen großen Assoziationsgebietes" an (Goldstein 1910, 31). Die bei Wernicke und Lichtheim im Vordergrund des Interesses stehende Frage, welches Zentrum, welche Leitungsbahn im einzelnen Fall als erkrankt zu betrachten ist, verliert dadurch nach seiner Auffassung völlig an Bedeutung. Erforderlich sei bei jedem Kranken eine psychologische Analyse von Grund auf. An Fragen der Lokalisation sollte man erst herantreten, wenn eine Störung psychologisch verstanden worden ist. Die Analyse der normalen Vorgänge ist Grundlage für das Verständnis der pathologischen (vgl. Goldstein 1910, 32).

1926 hält Goldstein, aufgefordert durch den Vorstand der Schweizer Gesellschaft für Psychiatrie, in der Stadt Bern einen Vortrag über Aphasie. Demnach sieht er hinsichtlich der Aphasie zwei Grundprobleme für den Arzt, das der Lokalisation und das der Symptomatologie. Nach seiner Ansicht ist das Problem nicht mehr darin zu sehen, wo eine Störung lokalisiert ist, sondern wie ein Herd an einer bestimmten Stelle die Hirnleistung so beeinträchtigen kann, daß dieses vorliegende Symptomenbild auftritt. Die größten Schwierigkeiten sieht Goldstein aber in der Symptomatologie. Immer fraglicher wird, „ob es rein symptomatologisch überhaupt Störungen gibt, die ein einzelnes Sprachgebiet betreffen, ob auch umschriebene Herde je Störungen ausschließlich der Sprachleistungen zur Folge haben und nicht immer auch Störungen psychischer Leistungen anderer Art" (Goldstein 1971, 156). Goldstein schlußfolgert daraus, daß aphasische Symptome „biologische Erscheinungen an einem durch Krankheit veränderten Organismus" sind und „als Lebensäußerungen unter Berücksichtigung der durch die Krankheit gesetzten Veränderungen der normalen Lebensvorgänge" angesehen werden sollten (Goldstein 1971, 228-229). Nicht besondere Fähigkeiten sind gestört, sondern der Mensch ist im ganzen verändert. Die Veränderung der Leistungen des Organismus ist entsprechend der Lage der Läsion, der Art sowie dem Grad der Schädigung unterschiedlich, weil die Vorgänge in jeder Hirnregion innerhalb der Gesamttätigkeit des Organismus ihre besondere Bedeutung haben (vgl. Goldstein 1971, 229). In dem Werk „Language and Language Disturbances" (1948) hat Goldstein seine Aphasielehre ausführlich dargestellt.

2.3   Die phonophotographischen Untersuchungen von Ludimar Hermann

Ludimar Hermann (1838-1914) ist in Berlin geboren. 1859 promoviert er und habilitiert sich 1865 an der Friedrich-Wilhelms-Universität. 1868 wird er als Professor für Physiologie an die Universität in Zürich berufen. Von 1884 bis zu seiner Emeritierung im Jahr 1913 ist Hermann Ordinarius des Physiologischen Instituts der Albertus-Universität zu Königsberg (vgl. Chronik 1915, 8-9). Zu den Arbeitsfeldern von Hermann zählen die Physiologie der Stimme und Sprache, die Elektrophysiologie sowie die physiologische Optik und Akustik. Sein „Lehrbuch der Physiologie" erscheint in 14 Auflagen. 1863 gründet er das „Centralblatt für die medicinischen Wissenschaften". 40 Jahre gibt er die „Jahresberichte über die Fortschritte der Anatomie und Physiologie" (1873) heraus. In eine wissenschaftliche Untersuchung bezieht L. Hermann im Jahr 1893 alle Zöglinge der Provinzial-Taubstummenanstalt und der Vereinstaubstummenanstalt in Königsberg ein (vgl. dazu oben Kapitel 1.2.2, 23). Sein besonderes Augenmerk richtet Hermann auf die Erforschung des Wesens der Vokale.

In den Jahren 1889 bis 1902 veröffentlicht Hermann Untersuchungen zu den Vokalen, ihrer akustischen Natur, Entstehung und synthetischen Nachahmung, die er in einer 1911 erscheinenden Arbeit ergänzt und weiterführt.

Die Vokale entstehen demnach durch Anblasen der Mundhöhle unter oder ohne Beteiligung der Stimme. Die Mundhöhle nimmt zur Bildung eines jeden Vokals eine besondere Gestalt an, die beim Flüstern und beim lauten Aussprechen gleich ist. Die geflüsterten Vokale sind Geräusche. Diese lassen eine bestimmte dominierende Tonhöhe erkennen. Einige Vokale haben zwei derartige Töne. Dagegen sind die lauten Vokale für Hermann Stimmklänge. Verschiedene auf dieselbe Stimmnote gesungene Vokale stellen unterschiedliche Klänge eines Grundtons dar, deren Partialtöne demzufolge ein ungleiches Intensitätsverhältnis haben. Hermann stellt, wie Helmholtz und Pippig, bei seinen Untersuchungen fest, daß bei jeder Notenhöhe das Verhältnis der Partialtöne eines Vokals ein anderes ist. Die stärksten Partialtöne entsprechen somit „immer einem für jeden Vokal konstanten Mundton" (Hermann 1910, 208).

Die Mundtöne können auf verschiedene Weise bestimmt werden. Bei der Perkussionsmethode (Auerbach) wird der Mund in die Vokalstellung gebracht und die Wange perkutiert. Dabei ist der Mundton hörbar. Bei der Stimmgabelmethode von Helmholtz hält man eine Reihe angeschlagener Stimmgabeln vor die Mundöffnung. Durch Resonanz wird dabei der Ton verstärkt, der dem Mundton entspricht. Auch Rousselot und König nutzen die Stimmgabelmethode. Aus den von Helmholtz, König, Rousselot und Auerbach erhobenen Daten schlußfolgert Hermann, daß „die Höhe der so gefundenen Töne … ziemlich unsicher" ist (Hermann 1910, 208). Darüber hinaus führt er weitere Methoden an, die genauer Aufschluß über das Wesen der Vokale bringen sollen, z. B. das Heraushören der Partialtöne mit Hilfe von Resonatoren (Helmholtz, Auerbach) und Königs Methode der manometrischen Flammen (vgl. Hermann 1910, 36-39 u. 208). Ein vollkommeneres und erfolgreiches Verfahren, das Hermann bei seinen „phonophotographischen Untersuchungen" anwendet, besteht in der graphischen Aufnahme von Klangschwingungen in Gestalt von Vokalkurven und deren Analyse. Sehr genaue, große Kurven erhält er mit Hilfe stark gedämpfter Glimmermembranen, deren Schwingungen durch einen von dem mitschwingenden Spiegelchen reflektierten Lichtstrahl aufgezeichnet werden (vgl. Hermann 1910, 209). Zur Herstellung von Vokalkurven nutzt Hermann auch einen Edisonschen Phonographen. Zu seinen Hauptteilen (s. Abb. 2) gehören: C der mit konstanter Geschwindigkeit rotierende Zylinder, M die dünne Glasmembran, gegen die gesprochen wird, H ein mit ihr verbundenes Hohlmesser (Es gräbt eine Furche von oszillierender Tiefe und Breite ein.), L ein dem Abhören dienendes Köpfchen, das mittels des Hebels E (wird durch das Gewicht G beschwert) die Glasmembran N in die der Eingrabung entsprechenden Schwingungen versetzt.

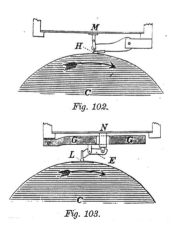

Fig. 102.

Fig. 103.

Abb. 2: Hauptteile des Edisonschen Phonographen nach L. Hermann (1910, 209)

Hermann verwendet einen solchen Phonographen neuerer Bauart zur photographischen Aufnahme sowie mikroskopischen Untersuchung und Ausmessung der Eingrabungen zum Zwecke der Überprüfung der von ihm gewonnenen phonophotographischen Vokalkurven. Auch Boeke hat die Eingrabungen mikroskopisch ausgemessen und später dahin gehend weitergeführt, daß er aus den Breiten der Furche deren Tiefen berechnet und die Eingrabungen in Kurven umgestaltet (vgl. Hermann 1892, 1-2). Die Kurven erhält L. Hermann direkter, indem er das Köpfchen L (s. Abb. 2) bei sehr langsamer Zylinderdrehung in der Furche laufen läßt. Dabei versetzt L durch ein vergrößerndes Hebelsystem ein Spiegelchen in Winkelbewegung, das den photographierenden Lichtstrahl reflektiert (vgl. Hermann 1892, 2-7; 1910, 209). Seine unter anderem mit dem Edisonschen Phonographen ermittelten Kurven zeigen, so stellt Hermann bereits 1902 fest, besonders bei den Vokalen A, O und U „höchst eindringlich einen zur Periode (Stimmnote) fast stets unharmonischen, in jeder Periode von Neuem auftretenden Ton, welchen ich als Formanten zu bezeichnen vorgeschlagen habe" (Hermann 1902, 135). Eine Anzahl der von Hermann mit dem Edisonschen Phonographen hergestellten Kurven der Vokale, zum Teil auf verschiedene Noten gesungen, sehen folgendermaßen aus (s. Abb. 3).

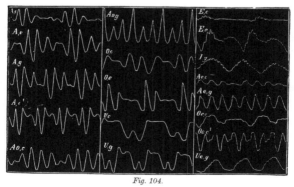

Fig. 104.

Abb. 3: Vokalkurven von L. Hermann (1910, 211)

Gute Vokalkurven erhält Hermann auch, indem er den Vokal-klang auf ein Mikrophon wirken läßt und die Stromschwankung mit Hilfe eines Kapillarelektrometers photographisch darstellt (vgl. Hermann 1911, 2-11). Aus der Analyse seiner in den phonophotographischen Untersuchungen mit verschiedenen Methoden gewonnenen Kurven zieht er den Schluß, „daß jeder Vokal durch einen Mundton, den Formanten, charakterisiert ist" (Hermann 1910, 209). Er ist unabhängig von der Stimmnote und stellt keinen harmonischen Oberton des Stimmklanges dar, son-dern ist meist zu diesem unharmonisch. Der Formant variiert et-was nach Person und Nationalität. Die Formanten liegen bei den kurzen Vokalen etwas tiefer als bei langen Vokalen (vgl. Her-mann 1910, 211). In seinen weiterführenden Beiträgen zur Vokal-lehre stellt Hermann fest, daß die Vokale ihren Charakter verlie-ren, „sobald ihre Note die Höhe des Formanten wesentlich über-schreitet" (Hermann 1911, 61). Sie liefern dann keine charakteri-stischen Kurven mehr und können mit Hilfe des Gehörs nicht mehr sicher erkannt werden. Die Vokale entstehen mit hoher Wahrscheinlichkeit „durch anaperiodische Anblasung des Mundresonators in der Periodik der Stimmschwingung" (Her-mann 1911, 61). Dabei ist nicht von Bedeutung, ob der Mundton harmonisch oder unharmonisch zur Stimmnote ist.

Wängler (vgl. 1981, 20) greift die von L. Hermann entwickel-te Formantentheorie auf, indem er feststellt, daß das Wesen der Vokale und gewissermaßen auch der Konsonanten akustisch auf der Realisierung bestimmter Formanten beruht. Bezogen auf die Bildung der Sprachlaute sind diese zumeist „Gruppen von Partial-tonbereichen" (Wängler 1981, 20) von den Grundtönen nahezu unabhängig. Die Realisierung dieser Formantbereiche stellt eine unerläßliche Voraussetzung für die akustische Perzeption dar. Reicht eine Schwerhörigkeit bis in den Bereich von 600 bis 900 Hertz, klingen die Vokale i, e und a wie ein dumpfes o, da diese Vokale noch einen unterhalb der Grenze liegenden Unterformanten haben (vgl. Wängler 1981, 20-21). Das

Charakteristische eines Vokals wird durch die Frequenz und Intensität seiner Formanten bestimmt. Den beiden untersten Formaten (F1 und F2) und deren Beziehung zueinander kommt eine besondere Bedeutung zu (vgl. Biesalski/Frank 1994, 43-44). Als entscheidend für die Entstehung der Vokale werden heute zwei Vorgänge angesehen. Mittels des überwiegend verformbaren Ansatzrohrs wird ein Resonator gebildet. Außerdem können Teiltöne auch an nicht schwingenden Stimmlippenkanten durch Wirbelbildungen entstehen (vgl. Biesalski/Frank 1994, 23).

2.4 Die medizinischen Untersuchungen von Rudolf Kafemann

Rudolf Kafemann, geboren 1859, erhält seine Approbation zum Dr. med. am 28. 12. 1885 in Leipzig (vgl. Geheimes Staatsarchiv I. HA Rep. 76 VIII A, Nr. 702, 10). Als Spezialarzt für Hals-, Nasen- und Ohrenleiden läßt er sich in Königsberg nieder. Zum Studienjahr 1892/93 habilitiert er sich als Privatdozent an der Medizinischen Fakultät der Albertus-Universität zu Königsberg (vgl. Chronik 1893, 7). In den Kursen zur Ausbildung von Lehrern für die Heilung von Sprechgebrechen, die der Lehrer Paul Rogge leitet, hält Kafemann Vorträge über Anatomie und Physiologie der Sprechwerkzeuge (vgl. dazu unten Kapitel 3.1, 101). Im Studienjahr 1905/06 wird er an der Albertina zum Professor ernannt (vgl. Chronik 1906, 11). In dem 1941 letztmalig erscheinenden Einwohnerbuch der Stadt Königsberg ist Kafemann unter der Rubrik „Ärzte für Ohren-, Nasen-, Hals- usw. -leiden" noch mit seiner Anschrift aufgeführt (vgl. Einwohnerbuch 1941, IV. 3). R. Kafemann wendet sich in seinen Veröffentlichungen speziellen Fragen der Hals-, Nasen- und Ohrenheilkunde, wie z. B. der chronischen Mittelohreiterung und den Erkrankungen der Sprechstimme zu. Seine „Rhino-pharyngologische Operationslehre mit Einschluß der Elektrolyse für Ärzte und Studierende" (1900) wird mehrfach aufgelegt. Mit dem Erscheinen des ersten Jahrganges der „Medizinisch-pädagogischen Monatsschrift für die gesammte Sprachheilkunde" 1891 gehört Kafemann zu deren ständiger Mitarbeiterschaft. In mehreren seiner darin erscheinenden Beiträge klärt er über verschiedene Nasen- und Rachenleiden sowie deren schwerwiegende Folgen auf, die bei den Eltern und Lehrern wenig bekannt sind, kaum beachtet oder unterschätzt werden. Sein besonderes Anliegen ist hierbei die frühzeitige Erkennung und Behandlung der Aprosexia nasalis bei Schulkindern.

1890 veröffentlicht Kafemann die Ergebnisse seiner Schuluntersuchungen des Nasen- und Rachenraumes an 2238 Kindern. Mit Erlaubnis des Stadtschulrates Tribukait kann er diese umfangreichen Erhebungen an Königsberger Schulen anstellen. Er untersucht im ganzen 2238 Volksschüler, darunter 1100 Knaben, 1102 Mädchen und 36 schwachsinnige Kinder im Alter von sechs bis vierzehn Jahren (vgl. Kafemann 1890, 8). Sein Ziel ist es, sichere Zahlen über das Vorkommen bestimmter Abnormitäten des kindlichen Nasen- und Rachenraumes zu gewinnen. Zugleich interessiert ihn die Verbreitung der Aprosexia nasalis bei Schülern, „d.h. die Unfähigkeit, auf bestimmte Gegenstände die Aufmerksamkeit zu richten, verursacht durch pathologische Zustände der Nase und des Rachens" (Kafemann 1890, 5). Ferner geht er im Hinblick auf erste Schulgründungen für schwachsinnige Kinder in Königsberg (vgl. dazu oben Kapitel 1.2.3, 34) der Frage nach, inwieweit nicht erkannte Krankheiten der Nase und des Rachens, „intellectuelle Invalidität" auslösend (vgl. Kafemann 1890, 5), zur falschen Beurteilung des geistigen Zustandes einzelner Schüler führen können. Bei 7,8 Prozent der 1100 untersuchten Knaben findet Kafemann adenoide Vegetationen. 31 von ihnen sind infolgedessen schwerhörig und meistens schlechte Lerner. Nicht imstande, dem Unterricht zu folgen, sind weitere zwölf Knaben. Des weiteren stellt er in zehn Fällen Stottern fest. Darunter befindet sich ein als geheilt geltender Dreizehnjähriger, bei dem es sich nach Ansicht von Kafemann mit großer Wahrscheinlichkeit um das von Bloch beschriebene orale Stottern handelt (vgl. Kafemann 1890, 10). E. Bloch (1889, 93) bezeichnet es auch als „Stottern mit oder durch Mundatmung". Er nimmt als Ursache „eine primär unpassend gesteigerte Kontraktionsgröße, einen erhöhten Tonus der Artikulationsmuskulatur" an (Bloch 1889, 83). Sechs Stotterer zeigen bei der Rhinoskopie keine krankhaften Veränderungen. Bei den 1102 Mädchen diagnostiziert Kafemann mit 10,6 Prozent eine größere Anzahl adenoider Vegetationen als bei den Knaben. 29 der 117 betroffenen Mädchen bezeichnet er als geistig zurückgeblieben.

Als „gänzlich abnorm" sieht Kafemann die „Klasse 6b, Mädchenschule 1b" an (Kafemann 1890, 12). Die Untersuchungsergebnisse der 13 in ihr lernenden Schülerinnen hat er in folgender Übersicht aufgeführt (s. Abb. 4). Er führt die Befunde von dieser Klasse als Beleg für die Existenz der bereits von Guye (Amsterdam) beschriebenen Aprosexia nasalis an, die von nicht wenigen in Frage gestellt wird. Die Eltern sehen häufig in den mangelhaften Schulleistungen ihrer Kinder Anzeichen des Schwachsinns. Demgegenüber versucht Kafemann, die Ursache mit der Aprosexia nasalis in Verbindung zu bringen (vgl. Kafemann 1890, 15).

Nach Kafemann (1890, 16) erleiden durch die Nasenverstopfung und die damit verbundene Störung des Allgemeinbefindens „zart organisierte und begabte" Kinder weitaus häufiger als „indolente und an und für sich unintelligente Kinder" eine Depression, die ein erfolgreiches geistiges Schaffen behindert, erschwert oder sogar unmöglich macht. „Die Continuität der Gedanken wird zerrissen, der Ablauf der Vorstellungen gestaltet sich verworren, in stets erneuten, doch erfolglosen Ansätzen erschöpft sich auch die letzte Spannkraft, bis schliesslich das erbitterte Gemüth jede geistige Arbeit als etwas Fremdes und Zufälliges mürrisch zurückweist" (Kafemann 1890, 16). Die betroffenen Kinder erleben die operative Entfernung von adenoiden Wucherungen der Rachenmandel oder der Rachenmandel selbst als enorme Erleichterung.

No.	Alter.	O h r.	Gaumen-mandeln.	Sprache.	Intelligenz.	N a s e.	Besondere Bemerkungen.
1	10	Trübung, Einsenkung d. Trf., hört sehr schl., muss vorn sitzen.	enorme Hypertr. l. u. r.	näselnd.	3 Jahre in der letzten Klasse.	o. B.	
2	10	wie bei 1.	normal.	näselnd.	wie bei 1.	o. B.	
3	10	wie bei 1.	normal.	näselnd.	wie bei 1.	o. B.	
4	9	wegen Schmutz nicht zu untersuchen, hört schlecht in d. Schule.	enorme Hypertr. l. u. r.	näselnd.	fast blöd-sinnig.	o. B.	
5	9	wie bei 1, hört sehr schlecht in d. Schule.	nm.	näselnd.	sehr zu-rückge-blieben.	o. B.	
6	7	hört schlecht.	nm.	näselnd.	lernt normal.	o. B.	
7	7	wie bei 1.	mässige Hyper-trophie l. u. r.	näselnd.	seit ½ J. (nach Scharlach) schlechte Auffassung.	o. B.	bes. blass, elend, sehr kurz-sichtig.
8	7	wie bei 1. Gehör in der Schule leidlich.	enorme Hyp. l. u. r.	o. B.	lernt schwach.	o. B.	
9	7	wie bei 1. Gehör in der Schule normal.	mässige Hypertr. l. u. r.	o. B.	lernt schwach.	oft kaum zu stillen-des Nasen-bluten.	
10	6	hört in der Schule gut.	mässige Hyp. l. u. r.	o. B.	normal.	o. B.	
11	8	wegen Schmutz nichts zu sehen. Hört in d. Schule sehr schlecht.	nm.	o. B.	normal.	o. B.	
12	7	wie bei 1. Hört in d. Schule sehr schlecht.	enorme Hyp. l. u. r.	näselnd.	normal.	o. B.	
13	8	wie bei 1. Hört sehr schl., muss vorn sitzen.	nm.	näselnd.	fast blöd-sinnig.	o. B.	sehr kurz-sichtig.

Abb. 4: *Untersuchungsbefunde Klasse 6b, Mädchenschule 1b von R. Kafemann (1890, 12)*

Das Herabsinken der Schulleistungen von Kindern, die eine Rachenmandelhyperplasie mit behinderter Nasenatmung haben, erklären Jakobi und Link in der Gegenwart folgendermaßen. Während des Schlafens verlegt die Zunge den Kehlkopfeingang. Eine akute Atemnot, meist verbunden mit Angstträumen, tritt ein. Das Kind wacht auf, nimmt eine andere Lage ein, kehrt jedoch bald in die Ausgangslage zurück. Durch die Schlafstörungen kommt es nicht zur Ruhe. Das übermüdete, schläfrige und schwerhörige Kind kann dem Unterricht kaum oder nicht folgen. Es bleibt weit hinter seinem geistigen Vermögen zurück. Die mangelnde Konzentrationsfähigkeit verstärkt diesen Zustand, behindert die geistige Entwicklung („zerebrale Durchblutungsstörung"). Oft ist eine Leistungsverbesserung dieser Kinder nach einer Adenotomie beobachtbar (vgl. Jakobi/Link 1978, 3.6).

Zu den von Kafemann 1890 festgestellten Nasen- und Rachenleiden gehören auch: Gaumenmandelhypertrophie, Granulation der Rachenschleimhaut, Polypenbildung, Schleimhauthypertrophie der Ohrmuscheln, Septumschiefstand und andere. Seine Erhebungen in einer Schule für schwachsinnige Kinder haben bei fünf von 15 Knaben eine hochgradige Rachenmandelhypertrophie mit Störungen der Sprache und des Gehörs ergeben. Er bemängelt das Versäumnis einer frühzeitigen Therapie bei diesen Elf- bis Dreizehnjährigen und übt bezüglich der an den Königsberger Schulkindern festgestellten folgenschweren Erkrankungen massive Kritik an den Eltern, die „fahrlässig und einsichtslos durch Vernachlässigung evidenter Krankheitserscheinungen solche Zustände haben hereinbrechen lassen" (Kafemann 1890, 28). Von der Schule fordert er mehr Beachtung dieser das Lernen stark behindernden Nasen- und Rachenleiden sowie die Aufklärung der Bezugspersonen, um rechtzeitig Abhilfe schaffen zu können. Die schon 1884 und 1887 von dem Arzt M. Bresgen (Frankfurt am Main) mittels Eingaben an den preußischen Kultusminister erhobene Forderung, „die Lehrer anzuweisen, ganz besonders auf für die Athmungsluft vollkommen freie Durchgängigkeit beider Nasenhöhlenhälften bei solchen Kindern zu achten, welche hinter andern Schülern zurückbleiben", lehnt Kafemann aber als verfehlt ab (Bresgen, zit. nach Kafemann 1890, 6). Diese gleichsam staatliche Kontrolle würde am erfolgreichen Widerstand zahlreicher Eltern scheitern. Das Ansehen der Schule könnte dadurch Schaden nehmen (vgl. Kafemann 1890, 7).

In Kenntnis des Buches von E. Bloch über „Die Pathologie und Therapie der Mundatmung" (1889) und angeregt durch eigene Beobachtungen lenkt Kafemann seine Aufmerksamkeit zunehmend auf einen möglichen Zusammenhang des Auftretens gewisser Nasen- und Rachenleiden mit Stottern. So diagnostiziert er bei den 15 Stotterern der Königsberger Knabenschule auf der Laak in neun Fällen eine Koexistenz des Stotterns mit erheblichen adenoiden Vegetationen. Unauffällig sind der Nasenrachenraum und die Nase bei den übrigen sechs stotternden Schülern (vgl. Kafemann 1891a, 5).

1889/90 werden in Königsberg die ersten Sprechheilkurse für stotternde Schüler von Volksschullehrer Rogge erfolgreich durchgeführt (vgl. dazu unten Kapitel 3.1, 86). Daraufhin veranlaßt der Stadtschulrat Tribukait die genaue statistische Erhebung der Sprachgebrechen unter den Schülern von Königsberg. Die dazu erforderlichen Untersuchungen werden in einem nur zu diesem Zweck bestimmten Schulzimmer im Zeitraum von Juni bis August 1890 vorgenommen. Die Ausführenden sind P. Rogge und R. Kafemann, Pädagoge und Arzt gemeinsam. An den Erhebungen in den höheren Schulen, die gesondert aufgesucht werden, beteiligt sich Kafemann jedoch nicht, „um gewisse Empfindlichkeiten zu schonen" (Kafemann 1891a, 6). Eine lückenlose Erfassung aller Königsberger Schüler mit Sprachgebrechen kann nicht gelingen, weil sich ein Teil der Kinder gegen jedwede Untersuchung sträubt und Kafemann aufgrund dringender Berufsverpflichtungen gelegentlich verhindert ist. Kafemann erfaßt insgesamt 136 stotternde Schüler, zu denen er noch weitere 15 Stotterer aus seiner Privatpraxis zählt. An adenoiden Vegetationen leiden 46 Prozent der 151 Fälle. 45 Prozent zeigen keine krankhaften Veränderungen im retronasalen Raum. Bezogen auf ein mögliches Zusammenbestehen von Stottern, Nasen- und Gehörleiden, sieht Kafemann seine Untersuchungsergebnisse als besonders lückenhaft an. Unter 71 Stotterern findet er 19, d.h. ca. 27 Prozent, mit mannigfachen Hörstörungen. 80 stotternde Schüler werden dahin gehend aus Zeitmangel nicht untersucht (vgl. Kafemann 1891a, 15-18).

Seiner Analyse der Beziehungen bestimmter Nasen-, Rachen-

sowie Gehörleiden zum Stottern auf der Grundlage der dargestellten Schuluntersuchungen stellt Kafemann das folgende Zitat
aus dem Buch „The art of breathing" von Leo Kofler voran:

> „The second step toward a cure consists in looking after the
> stutterer's physical condition and habits, and removing
> whatever may cause nervousness or weaken his bodily vigor.
> The aid of a physician may be necessary." (Kofler, zit. nach
> Kafemann 1891a, 1)

Diese Auffassung Koflers korrespondiert mit der Kafemanns, der
seine Untersuchungsergebnisse wie folgt interpretiert. Der Ausgangspunkt adenoider Vegetationen ist meist „eine Schwäche und
geringe vitale Energie des Organismus" (Kafemann 1891a, 25).
Treten derartige Wucherungen auf, führen sie zu einer erheblichen Verschlechterung der ohnehin labilen Konstitution. Die häufigen Zurechtweisungen, denen betroffene Kinder fast immer aus-
gesetzt sind, haben eine „reizbare Schwäche des gesammten
Nervensystems" zur Folge (Kafemann 1891a, 26). Werden Sinnesorgane geschädigt, insbesondere das Ohr, ist die Psyche mit-
betroffen. Zusammengefaßt ergibt sich daraus das Symptomenbild der Aprosexia nasalis. Ihr Vorhandensein, so betont
Kafemann, wird vielfach in Abrede gestellt und nicht ernst genommen. Leicht stellt sich daneben das Stottern ein. Beiden Leiden, die in den ersten Lebensjahren schleichend beginnen, liegt
eine meist ererbte konstitutionelle Schwäche zugrunde. Das häufige Zusammenbestehen adenoider Vegetationen mit Skrophulose
und Stottern belegt Kafemann empirisch, sieht darin aber keine
unmittelbare kausale Verknüpfung. Ein direkter Zusammenhang
des Stotterns mit den Ohrerkrankungen läßt sich ebensowenig
feststellen. Dagegen besteht meist eine kausale Beziehung der
Gehörleiden zu gewissen Rachenkrankheiten (vgl. Kafemann
1891a, 18 u. 25-27).
    Wie Kofler ist Kafemann der Auffassung, daß ein bedeutsa-

mer Schritt zur Heilung des Stotterns in der Beseitigung aller die Vitalität des Körpers schwächenden krankhaften Veränderungen besteht. Die Nasenatmung muß, wenn sie durch adenoide Vegetationen oder Abnormitäten der Nase behindert oder gar nicht mehr möglich ist, mittels eines operativen Eingriffs wieder hergestellt werden. Besondere Aufmerksamkeit ist auf die jüngeren Kinder zu richten, die erste Anzeichen des Stotterns zeigen. Für sie können derartige Operationen, die gefahrlos sind, prophylaktisch bedeutsam sein. „Antiscrophulose Mittel, Gymnastik der Stimme und des Körpers, milde Kaltwasserkuren dürften dann wohl genügen, dem weiteren Wachsen des Leidens Einhalt zu thun" (Kafemann 1891a, 29).

In jenen Fällen, in denen das Stottern mit gleichbleibender Intensität bereits über Jahre besteht, sind Erfolge einer operativen Entfernung adenoider Vegetationen weniger deutlich zu erkennen. Bei vier hochgradigen und langjährigen Stotterern stellt Kafemann nach einer derartigen Operation aber fest, daß das Stottern erheblich schwächer auftritt (vgl. Kafemann 1891a, 29). Kafemann stellt die Krankengeschichten von 15 Patienten in Kürze dar. Eine sei hier exemplarisch aufgeführt:

„Z. 14 J. Tertianer. Stottert seit dem fünften Jahre, zuerst schwach, dann stärker, seit 1/2 Jahre auch beim Lesen. Eine Ursache ist den Eltern nicht bekannt. Die Sprechfunction ist bei allen anderen Familienmitgliedern, insbesondere bei den 3 Geschwistern, normal. Nachts schnarcht er, am Tage hält er den Mund ... ab und zu offen. Vor einigen Jahren befiel ihn der Keuchhusten. Seit dieser Krankheit leidet er an einer vermehrten Schleimbildung im Rachen. ...

Gaumen, Nase, Zahnordnung, orale Rachenparthie verhielten sich völlig normal. Dagegen fand sich eine geringe, gleichmässig entwickelte Hypertrophie der Tonsillarleisten. Das Gebilde wurde mit der Zange entfernt. Danach wesentliche Besserung aller Symptome, auch des Stotterns.

Z. geniesst seit einigen Wochen den Unterricht des städtischen Sprachheillehrers Herrn Rogge und macht die denkbar besten Fortschritte." (Kafemann 1891a, 32-33)

Kafemann kann in vier Fällen, darunter dem dieses Tertianers, nach Operationen im Nasenrachenraum feststellen, daß sich das Stottern deutlich vermindert. Die Besserung ist bei zwei zwölfjährigen Knaben nach einem halben Jahr konstant. Bei einem Quartaner tritt ein Vierteljahr nach der operativen Entfernung adenoider Wucherungen das Stottern wieder heftiger auf, obwohl keine neuen Vegetationen im retronasalen Raum zu beobachten sind. Keine Angaben zum weiteren Verlauf des Sprachleidens macht er bei dem Tertianer (vgl. Kafemann 1891a, 31-34). Der Rhinologe Schäffer teilt ihm brieflich mit, daß er vier Stotterer im Alter von zehn bis 15 Jahren durch Operation adenoider Wucherungen völlig von ihrem Sprachgebrechen befreit hat (vgl. Kafemann 1891b, 19). Auffallend an den von Kafemann dargestellten 15 Krankengeschichten stotternder Patienten im Alter von sechs bis 26 Jahren ist die enge Verbindung von Arzt und Lehrer, von medizinischer und pädagogischer Heilbehandlung. In fünf von diesen Fällen empfiehlt Kafemann, nach einer Operation im Nasenrachenraum am Sprechheilunterricht teilzunehmen. Zwei weitere Patienten besuchen gleich im Anschluß an die Behandlung von R. Kafemann einen Sprechheilkurs des Lehrers P. Rogge (vgl. dazu unten Kapitel 3.1, 86).

1892 nimmt Kafemann die neueste Veröffentlichung zum Stottern von J. A. Ssikorski zum Anlaß, an einigen markanten Beispielen aus seiner Praxis die Koexistenz von organischen Erkrankungen der Rachenhöhle und des Ohres, Sprachstörungen sowie „mannigfachen auf eine gestörte Blutzirkulation des Gehirns mühelos zurückzuführenden Zerebralerscheinungen" zu verdeutlichen (Kafemann 1892, 3). Den Fallbeschreibungen stellt Kafemann seine Rezension des Werkes „Über das Stottern" (1891) von Ssikorski, Professor an der Kiewer Universität, voran. Fragwürdig erscheint ihm bezüglich der Ätiologie des Stotterns die Überbewertung des Schrecks. Nicht genügend berücksichtigt werden nach seiner Auffassung Abnormitäten der Mund- und Rachenhöhle, Zahnstellungsanomalien sowie Mißbildungen des Kiefers und des Gaumens, die Stotterer besonders häufig zeigten. Die behinderte Nasenatmung und deren Folgen erwähnt Ssikorski nicht. Das befördere, so Kafemanns Kritik, die in Lehrerkreisen verbreitete Ansicht, „es seien das Phantastereien einzelner fanatischer Spezialisten" (Kafemann 1892, 3). Kafemann berührt Details aus der Sicht seiner Fachdisziplin. Unerwähnt dabei bleiben die ätiologische Stottertheorie und das Behandlungskonzept von Ssikorski. Auf beides geht Braun ein (vgl. 1997, 78-79). Anhand von vier Beispielen Stotternder bekräftigt Kafemann die Notwendigkeit, daß bei jedem Sprachkranken vor Beginn eines zeitaufwendigen, mühevollen und manchmal sehr kostspieligen Sprachheilverfahrens physische Leiden beseitigt werden müssen. Geschieht das nicht, bleibt der Sprechheilunterricht oft erfolglos (vgl. Kafemann 1892, 9). In seinen in den Sprechheilkursen für Lehrer (Lehrkursen) gehaltenen Vorträgen macht er auf häufige Stotterrezidive durch unbehandelt gebliebene Nasen- und Rachenveränderungen aufmerksam. Er fordert die Lehrer auf, dafür zu sorgen, daß alle Kinder vor der Teilnahme an einem Sprechheilkurs von einem Nasen-und-Ohren-Arzt untersucht werden. Seiner Ansicht nach ist im Anschluß daran die Anwendung der Gutzmannschen Stotterheilmethode gewinnbringend (vgl. Kafemann 1892, 4 u. 8-9).

Auf der 65. Versammlung deutscher Naturforscher und Ärzte 1893 in Nürnberg hält R. Kafemann ein Koreferat zu dem von Hermann Gutzmann sen. (1865-1922) gehaltenen Vortrag über „Die öffentliche Fürsorge für stotternde und stammelnde Schulkinder". Darin dehnt er seine Forderung nach der Überweisung jedes Schulkindes mit einem Sprachgebrechen an einen Facharzt für Hals-Nasen-Ohren-Heilkunde vor Beginn der Heilkursbehandlung auf Kinder mit Aprosexia nasalis aus, die danach pädagogisch-moralisch beeinflußt werden soll. Was er darunter versteht, stellt Kafemann nicht dar (vgl. Kafemann 1894, 36). Zuvor ist H. Gutzmann auf die Entstehungsgeschichte der Kurse für sprachgebrechliche Kinder, deren Organisation und Ergebnisse sowie den Inhalt der von seinem Vater Albert Gutzmann und ihm in Berlin geleiteten Lehrkurse eingegangen. Diese vierwöchigen Ausbildungskurse sollen die Teilnehmer, meist Lehrer, dazu befähigen, in ihren Heimatstädten selbst einen Heilkurs für sprachgebrechliche Schulkinder einzurichten und nach der Gutzmannschen Methode durchzuführen (vgl. Gutzmann 1893, 334 u. 338).

In seinen 1901 und 1902 erscheinenden Abhandlungen bilanziert Kafemann, daß das Symptomenbild der Aprosexia nasalis heute von allen Otologen sowie der Mehrheit der praktischen Ärtze und Lehrer anerkannt wird. Eine Vielzahl von Ansätzen zur Ätiologie dieser Störung hat diesbezüglich aber keinerlei Klarheit geschaffen. Unter der Fragestellung, inwieweit die geistige Leistungsfähigkeit durch eine künstlich behinderte Nasenatmung beeinflußbar ist, führt er 1899 Versuche im psychologischen Laboratorium von Emil Kraepelin (1856-1926), Schüler von W. Wundt und Psychiater, in Heidelberg durch. Zu der Untersuchung gehören Versuche zur Auffassungs- und Merkfähigkeit, eine Anzahl Wahlreaktionen sowie Addierversuche (Addieren einstelliger Zahlen).

Die Versuchsreihe umfaßt acht Tage. Normaltage und Obturatortage (mit eingeschränkter Nasenatmung) wechseln regelmäßig. Der verwendete Nasenobturator kann in jedes Nasenloch luftdicht passend eingefügt werden. Abstufbar ist der Grad der Atmungseinengung durch eine einfache Vorrichtung an seinem Ende. Einen störenden Einfluß des durch den Obturator hervorgerufenen Druckreizes auf die Untersuchungsergebnisse sieht Kafemann nicht, da er daran gewöhnt sei. Er faßt die Endergebnisse seiner Versuche folgendermaßen zusammen: „Durch die künstliche Behinderung der Nasenatmung wird die Auffassung äusserer Eindrücke nur unwesentlich beeinflusst; dagegen wird das Festhalten derselben in der Erinnerung deutlich erschwert, ohne dass die Fehler nennenswert zunehmen … Die Rechenarbeit erfährt eine sehr erhebliche Erschwerung, die sich binnen einer Viertelstunde zu ihrer Höhe entwickelt und dann in Folge der Gewöhnung langsam etwas abnimmt. Diese Erschwerung gleicht sich nach Beseitigung des Hindernisses nur allmählich aus" (Kafemann 1902, 453). H. Gutzmann sen. hat dieser Versuchsreihe in zwei Besprechungen besondere Beachtung geschenkt. Die von Kafemann erzielten Resultate sind für ihn hinsichtlich seines mit bestimmten Stotterern durchgeführten Versuches interessant (vgl. Gutzmann 1902, 153). H. Gutzmann ordnet die Stotternden drei Gruppen zu. Die erste Gruppe bilden die aus Unaufmerksamkeit und Zerstreutheit Stotternden. Ihr Stottern verschwindet, wenn sie die Aufmerksamkeit auf den sprachlichen Vorgang richten. Entgegengesetzt reagieren die Stotterer der zweiten Gruppe darauf. Die spastischen Erscheinungen verstärken sich bei ihnen erheblich. Bei den Stotterern der dritten Gruppe dominieren psychische Momente.

Seinen Versuch führt er mit Stotterern der zweiten Gruppe durch. Ein akuter Schnupfen führt bei ihnen zu einer erheblichen Verschlechterung des Stotterns. Gutzmann versucht mit Hilfe einer schwachen Kokainlösung, den Schwellungszustand der Nasenschleimhaut zeitweilig zu beseitigen. Sein Ziel ist es, auf diese Weise das Stottern zu verringern. Der Versuch hat Erfolg. Die Versuchspersonen sprechen danach fließend. Anschließend überprüft er, ob ein auf die Nasenschleimhaut ausgeübter Reiz Sprachspasmen erzeugen kann. Er verwendet dazu einen Wattebausch, den er in die Nase einführt. In zwei Fällen treten danach erneut Sprachspasmen bei den Lauten auf, die dem Stotternden von jeher die größten Schwierigkeiten bereitet hatten. Bei Stotterern der zweiten Gruppe mit einer chronisch geschwollenen Nasenschleimhaut sieht Gutzmann „eine irgendwie geartete operative Herabminderung" derselben als Behandlungsmöglichkeit an, um Stotterrezidive zu verhindern (Gutzmann 1901, 312-314).

Mit dem 1908 in der Lehrerzeitung für Ost- und Westpreußen

sowie als eigenständige Publikation erscheinenden Vortrag über die „Hygiene der Sprechstimme", gehalten im Fortbildungskurs Königsberger Lehrer für Sprachheilkunde, wendet sich Kafemann an die Berufsredner, besonders die Lehrer. Im Mittelpunkt seiner Ausführungen stehen die Ätiologie und Therapie der Phonasthenie, die in dieser Berufsgruppe gehäuft auftritt. Ursachen der Stimmschwäche sind demnach: alle mit einer Verstopfung der Nase verbundenen Erkrankungen, das Fehlen oder eine nur geringfügige Entwicklung der Nasennebenhöhlen, chronische und akute Entzündungen der Kieferhöhle, chronisch entzündete vergrößerte Gaumenmandeln, die Atmung behindernde Mißbildungen des Brustkorbs infolge der englischen Krankheit und eine falsche Verwendung des Phonationsapparates.

Zur Behandlung ist zunächst ein längerer Urlaub mit dem Ziel völliger Stimmruhe notwendig. Danach wird vorsichtig ein Stimmtraining in Verbindung mit der „Aufnahme einer gesteigerten persönlichen Hygiene" eingeleitet (Kafemann 1908, 9). Mit letzterer meint Kafemann Leibesübungen vorzugsweise an frischer Luft. Dabei ist die Einwirkung auf das zentrale Nervensystem besonders wichtig, weil es „die Muskulatur beherrscht und zugleich Kreislauf, Atmung sowie Ernährung der Muskeltätigkeit anpaßt" (Kafemann 1908, 9). Die schweren Formen der Phonasthenie, die der Berliner Laryngologe Th. S. Flatau (1860-1937) in seiner 1906 erschienenen Monographie „Die funktionelle Stimmschwäche" beschrieben hat und die zur Berufsunfähigkeit führen, sind unter den von Kafemann behandelten Patienten nicht aufgetreten (vgl. Kafemann 1908, 4). Wie Kafemann lehrt R. Sokolowsky an der Königsberger Albertus-Universität (vgl. dazu unten Kapitel 2.5, 80). Er hält auf der zweiten Versammlung der Deutschen Gesellschaft für Sprach- und Stimmheilkunde 1928 in Leipzig einen Vortrag „Über eine seltenere Form der Stimmschwäche der Sprecher (Rheseasthenie)", die er gehäuft bei Eisenbahnbeamten diagnostiziert hat.

Die Untersuchungen von R. Kafemann können im Zusammenhang mit den Arbeiten der zu seiner Zeit bekannten Rhinologen und Otologen Bresgen, Winckler, Schäffer, Bloch und anderen betrachtet werden. Sie alle erfassen Krankheiten der Nase, des Rachens und, wie Bezold, des Gehörorgans, analysieren den möglichen Einfluß der dadurch hervorgerufenen behinderten Nasenatmung auf die geistige und sprachliche Entwicklung von Schulkindern. Auf der Grundlage von empirisch gewonnenen Daten, meist durch Schuluntersuchungen, sowie deren Aus- und Bewertung, treten sie von ärztlicher Seite aufklärend und belehrend an die Schule heran. Ihre Untersuchungen und ihre Bemühungen um Förderung der Schulgesundheitspflege sind nach 1880 (Bresgen, 1884) und verstärkt ab dem Ende der 80er Jahre des 19. Jahrhunderts feststellbar. Zu der, seiner Ansicht nach, noch zu wenig vorhandenen Zusammenarbeit von Ärzten und Lehrern bemerkt Bresgen 1891, daß beide noch viel voneinander zu lernen hätten, „die einen, was dem Körper, die anderen, was dem Geiste Noth thut" (Bresgen 1891, 204-205). Im nördlichen Ostpreußen, in Königsberg, ist das enge Zusammenwirken von Schulaufsichtsbehörde, Arzt und Lehrer bezüglich der Erfassung von Schulkindern mit Sprachgebrechen und deren Förderung in dazu eingerichteten Heilkursen beispielhaft. Von seiten der Medizin tritt dabei Kafemann hervor. Einen ursächlichen Zusammenhang zwischen dem häufigen Auftreten bestimmter Hals-, Nasen- und Ohrerkrankungen mit Stottern sieht er nicht, klärt aber die Lehrer über Stotterrezidive infolge von nicht behandelten krankhaften Veränderungen im Hals- und Rachenraum auf. Kafemann entwickelt keine eigenständige ätiologische Stottertheorie. Seine gemeinsam mit dem Volksschullehrer P. Rogge abgehaltenen Fortbildungskurse für Lehrer zur Heilung von Sprachgebrechen würdigt A. Gutzmann, der selbst mit seinem Sohn H. Gutzmann sen. in Berlin Lehrkurse für Ärzte und Lehrer durchführt, als beispielgebend und nachahmenswert „wenigstens in allen Provinzial-Hauptstädten unseres Vaterlandes" (Gutzmann 1891, 46-47).

2.5 Anmerkungen zu medizinischen Institutionen des Sprachheilwesens

Um die Jahrhundertwende gibt es in der weiträumigen Provinz Ostpreußen noch kein Facharztwesen. Eine Ausnahme bildet die Provinzhauptstadt Königsberg. Dort wird die Spezialisierung der Ärzte durch „die klinischen Universitätsinstitute mit der fortschreitenden Abzweigung der Sonderfächer" erleichtert (Scholz/Schroeder 1970, 195). Die Assistenten, so auch Kafemann und Sokolowsky, lassen sich nach Abschluß der Ausbildung mit Vorliebe in Königsberg nieder. Zahlreich sind die Privatkliniken. Sie entstehen durch das Bestreben der Fachärzte, „die Behandlung der bei ihnen Hilfe suchenden Kranken bis zur Heilung durch eigene Leistung abzuschließen, wenn sie nur durch stationäre Pflege zu erreichen war" (Scholz/Schroeder 1970, 196). Aus der Privatklinik von E. Berthold geht 1891 die Poliklinik für Ohren-, Nasen- und Halskrankheiten hervor, die 1892 die staatliche Anerkennung als Universitätsanstalt erhält (vgl. Chronik 1893, 25). Berthold, bereits 1875 mit einem Lehrauftrag für Ohrenheilkunde (später erweitert auf Nasen- und Halskranheiten) an der Albertina, leitet bis 1905 die neubegründete Universitätspoliklinik (vgl. Samter 1910, 330). Nach seinem Ausscheiden aus dem Amt wird sie geschlossen.

1906 werden zwei selbständige Anstalten, die Universitätspoliklinik für Ohrenkrankheiten unter Leitung von B. Heine sowie die Universitätspoliklinik für Hals- und Nasenkrankheiten unter Leitung von P. Gerber, eröffnet (vgl. Chronik 1907, 46-47). Dazu kommt 1910 eine neugebaute Universitätsohrenklinik, durch die dem Mangel einer stationären Behandlung abgeholfen wird (vgl. Chronik 1910, 49-50). P. Stenger, ab 1910 Direktor der Klinik und Poliklinik für Ohrenkrankheiten, wird nach dem Tod Gerbers 1919 auch mit dem Lehramt für Laryngologie und Rhinologie betraut. Die Hals-, Nasen- und Ohrenheilkunde ist hiermit zu einem Lehrstuhl vereint (Scholz/Schroeder 1970, 109).

Erstmals 1913 wird in der Chronik der Albertus-Universität

zu Königsberg die akustisch-phonetische Abteilung erwähnt. Sie ist der Poliklinik für Ohrenkrankheiten angegliedert und „hat sich bisher bewährt und gut entwickelt" (Chronik 1913, 47-48). Ihr Entstehungsjahr wird nicht angegeben. R. Sokolowsky leitet die akustisch-phonetische Abteilung (vgl. Chronik 1914, 17-18). Raphael Sokolowsky (1874-1944), geboren im litauischen Kaunas, läßt sich nach seiner fachärztlichen Ausbildung als Hals-Nasen-Ohren-Arzt in Königsberg nieder und wird gleichzeitig Theaterarzt am Opernhaus der Stadt. Seine wissenschaftlichen Untersuchungen betreffen Stimm- und Sprachstörungen. Im Jahr 1917 habilitiert er sich für dieses Fachgebiet an der Albertus-Universität. 1923 wird er außerordentlicher Professor (vgl. Altpreußische Biographie 1975, 1062). In den Jahren 1923 und 1924 hospitiert Hermann Gutzmann jun. auch bei R. Sokolowsky in Königsberg (vgl. v. Arentsschild, zit. nach Stürzbecher 1994, 32). Der 1926 in München gegründeten Deutschen Gesellschaft für Sprach- und Stimmheilkunde gehört Sokolowsky als Mitglied an. Auf ihrer zweiten und dritten Versammlung 1928 und 1931 in Leipzig hält er Referate (vgl. oben Kapitel 2.4, 77). Gegenstand seines Vortrags aus dem Jahr 1931 sind die „Beziehungen der Sprach- und Stimmheilkunde zur operativen Laryngo-Rhinologie" (vgl. Sokolowsky 1931, 1-42). Für den 1927 veröffentlichten achten Band des von A. Denker und O. Kahler herausgegebenen Handbuches der Hals-Nasen-Ohren-Heilkunde mit Einschluß der Grenzgebiete schreibt Sokolowsky zwei Beiträge: „Stimme und Sprache der Schwerhörigen, Ertaubten und Taubstummen" und „Ablesen des Gesprochenen vom Munde, sprachliche Ausbildung überhaupt" (vgl. Sokolowsky 1927, 477-488 und 510-539). Unter der Rubrik „Ärzte für Sprachstörungen" wird Sokolowsky in den Einwohnerbüchern der Stadt Königsberg von 1918 bis 1933 als einziger Facharzt aufgeführt. Nach 1933 verläßt er Deutschland und ist als Dozent an der Capitol-Universität an seinem Wohnort Columbus (Ohio) in den Vereinigten Staaten tätig (vgl. Altpreußische Biographie 1975, 1062).

Im Jahr 1941 verfügt die Medizinische Fakultät der Albertus-Universität zu Königsberg über 17 Anstalten. Der von A. Greiffenstein geleiteten Universitäts- und Poliklinik für Ohren-, Hals- und Nasenkrankheiten sind eine Abteilung für Sprach- und Stimmstörungen sowie eine Berufs- und Hörmittelberatungsstelle für Schwerhörige, die in Zusammenarbeit mit dem Reichsbund der deutschen Schwerhörigen geführt wird, angegliedert (vgl. Hochschulführer 1941, 23). In dem von Steiniger zusammengestellten Verzeichnis der Sprachheileinrichtungen in Deutschland führt er unter Königsberg die Abteilung für Sprach- und Stimmstörungen und ihre Arbeitsweise auf. Demnach erfolgt die Meldung der sprachkranken Kinder an das staatliche Gesundheitsamt durch die Schulleiter. Diese Kinder werden von einer Stimm- und Sprachpflegerin unter Aufsicht eines geschulten Assistenten behandelt. Die Abteilung erhält von der Stadt einen Zuschuß. Seit 1936 werden dort etwa 150 Patienten jährlich in zum Teil längeren Kursen behandelt. Die Abteilung für Sprach- und Stimmstörungen ist während des Krieges geschlossen (vgl. Steiniger 1942, 98).

Wie dokumentiert, ist die Stadt Königsberg seit den siebziger Jahren des 19. Jahrhunderts durch die Medizinische Fakultät der Albertus-Universität, eine Vielzahl niedergelassener Fachärzte und Privatkliniken das Zentrum medizinischer Forschung und Lehre in der Provinz Ostpreußen und angesehen in ganz Deutschland. Mit Ernst von Leyden (1832-1910), von 1865 bis 1872 Ordinarius für Innere Medizin der Medizinischen Klinik der Albertina, halten die experimentelle Pathologie, die Laboratoriumsmethoden und die systematische Krankenuntersuchung Einzug in Königsberg (vgl. Scholz/Schroeder 1970, 3 u. 45-47).

Namhafte Mediziner wie Ludwig Lichtheim, Kurt Goldstein, Ludimar Hermann, Rudolf Kafemann und Raphael Sokolowsky wirken an der Albertus-Universität. Andere werden nach ihrem Medizinstudium in Königsberg bekannte Wissenschaftler, beispielsweise der in Gerdauen/Ostpreußen geborene Helmut Loebell.

Ihre wissenschaftlichen Untersuchungen zur Sprachphysiologie und Sprachpathologie sind grundlegend für die sprachheilpädagogische Arbeit in Ostpreußen. Die Entwicklung der schulischen Sprachheilarbeit soll im folgenden eingehend betrachtet werden.

3. Zur Sprachheilarbeit in Ostpreußen

3.1 Schulische Sprachheilkurse

Für eine gezielte institutionalisierte Behandlung sprachgebrechlicher Kinder im Schulalter tritt Fett ein. Wilhelm August Fett (1855-1917), Autor der Schrift „Die Sprachgebrechen unserer Kinder" (1889), ist Lehrer in Danzig und seit 1886 an der fünften Knabenvolksschule auf dem Haberberg, dem südlichsten Stadtviertel der Königsberger Innenstadt. Von 1890 bis 1900 unterrichtet Fett, den Adreßbüchern der Stadt Königsberg zufolge, an der Bürgerschule für Mädchen ebenfalls auf dem Haberberg. Im Anschluß daran ist er an Knabenvolksschulen im Stadtgebiet tätig. Bereits 1888 wird er im Adreßbuch von Königsberg auch als Stenograph und Lehrer der Stenographie sowie seit 1891 außerdem als Lehrer für Maschinenschreiben aufgeführt. Durch vielfältige Gremienarbeit im Königsberger Lehrerverein und im Ostpreußischen Provinzial-Lehrerverein sowie durch zahlreiche Veröffentlichungen ist Fett weit über Ostpreußen hinaus bekannt. Zu seinen Schriften gehören „Der preußische Volksschullehrer im Examen. Eine Sammlung von über 5500 Prüfungsthemen" (1884) und „Die Lehrprobe in der Volksschule" (1884).

1886 veröffentlicht Fett eine besonders jungen Lehrerkollegen bei der Auswahl und Bearbeitung ihrer Prüfungs- und Konferenzarbeiten empfohlene Sammlung von Entwürfen, Thesen und Themen aus verschiedenen Gebieten der Pädagogik. Sie erscheint in zwei Bänden unter dem Titel „Konferenzarbeiten" und basiert auf Konferenzberichten von Lehrerkollegen, Konferenzakten mehrerer Lehrervereine, Konferenzberichten aus sechs Lehrer- und Schulzeitungen und den persönlichen Notizen von Fett aus Lehrerkonferenzen. Namen von Referenten läßt er bewußt weg, um das individuelle Urteil nicht zu beeinflussen. Seine „Konferenzarbeiten" erreichen schon 1900 die fünfte Auflage. In den zweiten Band der ersten Auflage (1886) hat Fett unter dem 235. Stichwort „Sprachstörungen" folgende Leitsätze aufgenommen:

„A.I.   Sprachstörungen basieren auf Krankheiten resp.auf Anomalien entweder des Ohrs, oder des Gehirns, oder der Sprachorgane.

II.   Diejenigen Sprachstörungen, welche nicht durch Gehirnkrankheiten resp. Anomalien veranlaßt sind, lassen sich entweder nur auf unterrichtlichem Wege oder durch ärztliche und didaktische Behandlung heilen resp. vermindern.

B. I.   Insoweit öffentliche Anstalten für sprachkranke Kinder nicht bestehen, kann und darf die Volksschule solche Schüler nicht zurückweisen.

II.   Das Sprachgebrechen eines Kindes darf nicht Ursache sein, daß es hinter den übrigen Schülern an Bildung zurückbleibe.

III. Das eigentliche Entwicklungsstadium der Sprachstörung eines dazu geneigten Kindes fällt meistens in die erste Schulzeit desselben, daher ist in der Unterklasse das betreffende Übel mit bestem Erfolge zu bekämpfen.

IV. Bei fest eingewurzelten, schwer zu beseitigenden Sprachgebrechen haben die betreffenden Kinder einen besonderen Sprachheilunterrichtskursus zu absolvieren."

(Fett 1886, 267-268)

Im zweiten Band der zweiten Auflage (1890) der „Konferenz-arbeiten" heißt es unter einem neu hinzugekommenen Stichwort über die Sprachgebrechen: „Für die Unterrichtspraxis ist die Kenntnis der Erzeugung sowie des systematischen Aufbauens der Sprachlaute von außerordentlicher Bedeutung", und ferner sei es „wünschenswert, daß sich jeder Elementarlehrer mit dem methodischen Verfahren zur Heilung der Sprachgebrechen vertraut macht, um bei leichterem Auftreten dieser Übel Hilfe gewähren zu können" (Fett 1890, 126). Jene methodischen Sprach-heilverfahren, die Fett als zweckmäßig für die Behandlung stammelnder und stotternder Schulkinder ansieht, stellt er in seiner Schrift „Die Sprachgebrechen unserer Schüler" (1889) vor. Nach einer genauen Beschreibung der häufigsten Sprachstörungen Stammeln und Stottern gibt Fett zuerst die Behandlungsvorschläge von R. Coën (1839-1904), Spracharzt in Wien, wieder. Seine Kernaussagen sind demzufolge im Hinblick auf hochgradige Stotterer: der behutsame Umgang und die Vermeidung geistiger Überbürdung seitens ihrer Lehrer und Erzieher sowie das Anhalten der Kinder zu tiefem Einatmen vor dem Beginn jeder sprachlichen Entäußerung, zu rhythmischem und jede Silbe betonendem Sprechen sowie zur Teilnahme am Turnunterricht (vgl. Fett 1889, 14).

Ferner nimmt er die vom Braunschweiger Lehrerverein erarbeiteten Bestimmungen für den Sprachheilunterricht in seine Schrift auf. Diese Richtlinien beinhalten konkrete Vorgaben bezüglich der Organisation und Durchführung der Sprachheilkurse sowie der Qualifikation der Lehrer. So sollten wöchentlich sechs Unterrichtsstunden erteilt werden, ein Kurs in der Regel drei Monate dauern und wenn nötig verlängerbar sein. Grundlage für den Heilkursunterricht ist die Methode von E. Günther. Sein „Kurzer Wegweiser für Lehrer stotternde Kinder zu heilen" (1876) wird als Leitfaden angegeben (vgl. Fett 1889, 15-16). Der Braunschweiger Lehrerverein ist nach Braun (vgl. 1997, 232) durch die positiven Erfahrungen mit der Güntherschen Methode seit dem ersten Stotterheilkurs (1883) in Braunschweig zur Ausarbeitung seiner Bestimmungen für den schulischen Sprachheilunterricht veranlaßt worden.

Des weiteren macht Fett mit 16 Leitsätzen zur Behandlung des stotternden Kindes in der Schule von A. Gutzmann (1837-1910), Taubstummenpädagoge in Berlin, bekannt. Aus ihnen sind für die Gutzmannsche Methode typische Übungen, die Atmung, Stimmgebung und Aussprache betreffend, entnehmbar (vgl. Fett 1889, 16-18). Fett unterstreicht im Anschluß daran sein schon in der Vorbemerkung formuliertes Anliegen, sich den von Sprachgebrechen Betroffenen mehr als bisher zuzuwenden sowie die Frage der Sprachstörungen in Presse und Verein gründlich zu erörtern. Hierzu fügt er ein umfangreiches kommentiertes Literaturverzeichnis bei. Bezogen auf Königsberg, führt Fett an, daß die Stadtschuldeputation derzeit eine Lehrkraft zu einem vom 16. September bis 14. Oktober 1889 stattfindenden Kursus zur Unterweisung in der Gutzmannschen Stotterheilmethode nach Berlin entsandt hat (vgl. Fett 1889, 18).

Aus dem im letzten Heft des ersten Jahrgangs der „Medizinisch-pädagogischen Monatsschrift für die gesammte Sprachheilkunde" (1891, 399) veröffentlichten Verzeichnis der bisherigen Teilnehmer an den von A. Gutzmann und seinem Sohn H. Gutzmann sen. geleiteten Berliner Lehrkursen geht hervor, daß der von Fett genannte Kursteilnehmer aus Königsberg der Lehrer Paul Rogge ist. Er nimmt an dem ersten Kurs dieser Art teil, den 16 Personen besuchen (vgl. Rogge 1895, 14). Dazu gehören 15 Lehrer und ein Arzt aus Japan. Täglich sind zwei Stunden für praktische Übungen unter Anleitung der Gutzmanns vorgesehen. Hierzu werden 42 Gemeindeschüler herangezogen. Darunter sind neben Stotterern auch Schulkinder mit anderen Sprachstörungen. Von Beginn des Kurses an hat jeder Teilnehmer einige ihm zugewiesene Schüler zu behandeln. Die theoretischen Grundlagen dafür vermittelt H. Gutzmann in Form von Vorträgen mit Demonstrationen zu folgenden Themen: „1. über Anatomie der

Sprachorgane (Lunge, Kehlkopf, Mund, Nase etc.), 2. Physiologie der Stimme, 3. Physiologie der Sprache, 4. Ätiologie des Stotterns, 5. Pathologie des Stotterns, 6. Therapie des Stotterns, 7. Ätiologie und Pathologie des Stammelns und ähnlicher Sprachgebrechen, 8. Therapie des Stammelns, 9. Historisches über Sprachgebrechen, 10. Litteratur der Sprachgebrechen" (Fett 1889, 18-19). Mit den Lehrkursen in Berlin wird das Ziel verfolgt, die Teilnehmer, so auch Lehrer Rogge, zur Durchführung von schulischen Heilkursen für Kinder mit Sprachgebrechen zu befähigen (vgl. dazu oben Kapitel 2.4, 74). Die Stadt Königsberg richtet im Winter 1889/90 die ersten zwei Sprechheilkurse unter der Leitung von Paul Rogge ein (vgl. Tromnau 1904, 77). Nach den Königsberger Adreßbüchern ist er zu dieser Zeit, von 1886 bis 1902, Lehrer an der Bürgerschule für Knaben auf dem Haberberg. Zuvor hat er ein Jahr an der zweiten Knabenvolksschule Königsbergs unterrichtet.

Nach Tromnau (vgl. 1904, 77) sind für diese ersten beiden Heilkurse für Schulkinder mit Sprachgebrechen acht Knaben und acht Mädchen aus den Königsberger Volks- und Bürgerschulen ausgewählt worden. Rogge unterrichtet wöchentlich sechs Stunden je Kurs. Dafür wird er in seinem lehrplanmäßigen Unterricht um zwölf Stunden pro Woche entlastet. Für die täglich von 11-12 Uhr stattfindenden Heilkursstunden werden die daran teilnehmenden Kinder nach Mielecke (vgl. 1891, 89) vom planmäßigen Unterricht an ihren Schulen befreit. Nach erfolgreichem Abschluß der ersten Kurse veranlaßt die Königsberger Schulbehörde 1890 die statistische Erfassung der Kinder mit Sprachgebrechen an den Schulen der Stadt. Sie wird, wie schon dokumentiert, von R. Kafemann und P. Rogge gemeinsam durchgeführt (vgl. dazu oben Kapitel 2.4, 70). Bis 1893 finden sechs weitere Sprechheilkurse dieser Art unter Leitung von P. Rogge statt. Sie dauern jeweils vier bis sieben Monate. Zusätzlich erhalten „Teilnehmer früherer Kurse zur Kontrolle über etwaige Rückfälle" gemeinsam eine Stunde Unterricht pro Woche (Tromnau 1904, 77). Den gleichen

Sachverhalt formuliert Balla (vgl. 1908, 685) klarer, indem er die an einem Nachkurs Teilnehmenden als rückfällige Stotterer bezeichnet. P. Rogge erhält jedesmal eine Entschädigung von 100 Mark. Mit Beendigung der Sprechheilkurse kann der größte Teil der Schüler als geheilt entlassen werden (vgl. Tromnau 1904, 77). Bereits im April 1891 richtet P. Rogge folgenden Vorschlag, bezogen auf die schulische Sprachheilarbeit, an die Redaktion der „Medizinisch-pädagogischen Monatsschrift für die gesammte Sprachheilkunde" (1891, 136): „Es dürfte an der Zeit sein, dass die bis jetzt auf diesem Gebiete arbeitenden Lehrkräfte aus ganz Deutschland etc. in Berlin zu einer Konferenz zusammenkämen. Natürlich auf Kosten des Staates etc. und unter Ihrem Vorsitz; es ist Zeit, dass sich hierfür eine besondere Körperschaft organisirt." Dieser Vorschlag wird von seiten der Redaktion – verantwortlicher Redakteur ist H. Gutzmann sen. – abgelehnt.

Als Gründe dafür werden angeführt: Zweifel an der Finanzierbarkeit, das Anfangsstadium der Heilkursarbeit, deren bisher zu geringe Verbreitung sowie das Fehlen von Sprachheilkursen in Berlin und anderen Städten von Bedeutung. Des weiteren wird betont: „Nach unserer unmassgeblichen Meinung müssen wir mit einem derartigen Kongress so lange warten, bis das allgemeine Publikum ganz Deutschlands der Angelegenheit das nöthige Interesse entgegenbringt. So weit sind wir aber noch lange nicht und es soll uns aufrichtig freuen, wenn wir in 5 bis 8 Jahren einmal so weit kommen werden. Bis dahin soll diese Monatsschrift dazu dienen, das gemeinsame Band zwischen allen auf diesem Gebiete der Sprachheilkunde arbeitenden Lehrer und Aerzte zu bilden" (vgl. Medizinisch-pädagogische Monatsschrift für die gesammte Sprachheilkunde – MPM 1891, 136).

P. Rogge tritt wenig später aus der ständigen Mitarbeiterschaft der „Medizinisch-pädagogischen Monatsschrift für die gesammte Sprachheilkunde" aus. Seine Stelle übernimmt der Leiter der Heilkurse für Schüler mit Sprachgebrechen in Spandau A. Mielecke (vgl. MPM 1891, 198). E. Hasenkamp (vgl. 1930, 3) nimmt im Jahr 1930 am Anfang seines Vorworts zu dem Bericht über die im Mai 1929 stattfindende Tagung „Das sprachkranke Kind" in Halle/Saale den Konferenzvorschlag von P. Rogge mit der ablehnenden Antwort H. Gutzmanns auf. Hierzu bemerkt Hasenkamp (vgl. 1930, 3), daß trotz steigender Anzahl von Hilfseinrichtungen für stotternde Kinder in den Folgejahren der verschobene Kongreß von A. Gutzmann (gest. 1910) und H. Gutzmann (gest. 1922) nicht mehr einberufen worden ist.

Während die Stadt Berlin erst 1901 Heilkurse für stotternde Schüler einrichtet, ergreifen die Behörden in Königsberg schon 1894 Maßnahmen zur Sicherung eines dauerhaften Erfolges der praktizierten Heilkursarbeit. In diesem Jahr wird auf Veranlassung der Königlichen Regierung ein 14 Tage dauernder Kurs für Lehrer der Provinz unter Leitung von Rogge in Königsberg eingerichtet. Hintergrund dieses Vorgehens ist die Erkenntnis, daß die in den Schülerkursen erzielten Erfolge nur dauerhaft sein können, „wenn die betreffenden Kinder möglichst lange unter ständiger Leitung und Kontrolle solcher Lehrer stehen, die mit der Behandlung von Sprachgebrechen vertraut sind" (Tromnau 1904, 77). Der Lehrkurs soll die Teilnehmer befähigen, überall dort, wo stotternde Kinder vorhanden sind, „das geübte Heilverfahren anzuwenden" (Balla 1908, 685).

Dem Beispiel der Königlichen Regierung folgt der Magistrat von Königsberg und richtet ebenfalls 1894 einen 14tägigen Kurs für die städtischen Lehrerinnen und Lehrer ein. Die Leitung wird erneut P. Rogge anvertraut. Für die Teilnehmer des Lehrkurses sind tägliche Hospitationen im Leseunterricht von Rogge und im Sprechheilkursus für Schüler sowie das Anhören der fünf Vorträge von R. Kafemann und der drei Vorträge von P. Rogge Pflicht (vgl. Tromnau 1904, 77). Im Einwohnerverzeichnis des „Adressbuches der Haupt- und Residenzstadt Königsberg in Preussen und der angrenzenden Ortschaften" wird Paul Rogge seit 1895 als „Speciallehrer für die Beseitigung von Sprechfehlern" mit der Wohnanschrift, Hasselstraße 1 (seit 1892 bis

1933), aufgeführt. Ebenfalls seit 1895 ist er im „Verzeichnis der Geschäfts- und Gewerbetreibenden in alphabetischer Folge der Berufsklassen", einem Bestandteil des Königsberger Adreßbuches, als „Lehrer für Sprechkranke" mit der gleichen Anschrift enthalten. Aus dem letztgenannten Eintrag ist ersichtlich, daß Rogge neben seiner hauptberuflichen Tätigkeit an der Bürgerschule für Knaben und seiner Arbeit als Leiter der Heilkurse für Schüler mit Sprachgebrechen sowie der Lehrkurse auch „Sprechkranken" Privatunterricht erteilt. Dieser Tätigkeit geht er über seine Pensionierung 1926 hinaus, vermutlich zeit seines Lebens, nach. 1933 ist Rogge letztmalig im Einwohnerbuch (vormals Adreßbuch) von Königsberg sowohl im Einwohnerverzeichnis als auch im Verzeichnis der Gewerbetreibenden aufgeführt. Die genauen Lebensdaten von P. Rogge sind bisher nicht auffindbar.

Neben Rogge erteilt auch der Taubstummenlehrer C. Sammert von 1895 bis 1903, so die Königsberger Adreßbücher, Sprechkranken Privatunterricht. Sammert, geboren 1855 in Berlin, ist nach der Ausbildung am Königlichen Seminar für Stadtschulen zu Berlin sowie mehrjähriger Lehrertätigkeit u.a. an der Mittelschule in Friedrichshagen bei Berlin zunächst für ein Jahr Kursist an der Königlichen Taubstummenanstalt zu Berlin (1883) und seit 1884 Lehrer an der Vereinstaubstummenanstalt zu Königsberg (vgl. Krafft 1918, 216).

Seine Auffassungen zum Stottern und eine kritische Bewertung des in den Heilkursen für Schüler mit Sprachgebrechen, vorwiegend Stottern, Erreichten und Erreichbaren stellt P. Rogge in seiner 1895 erscheinenden Schrift „Was hat die Schule zu thun, um die Sprechfehler zu bekämpfen?" dar. Er unterscheidet zwei Arten des Stotterns. Die Stotterer der ersten Gruppe können die Vokale aus einer oder mehreren Konsonantenstellungen nicht fließend, die einzelnen Vokale jedoch „glatt" sprechen. Dagegen gelingt es den Stotterern der zweiten Gruppe weder die Vokale aus Konsonantenstellungen noch einzeln oder im Anlaut fließend zu sprechen. Diesen Gruppen kann man zwar alle Stotterer zuordnen, es zeigen sich unter ihnen aber große Unterschiede. Deswegen kann behauptet werden, daß das Stottern individuell ist (vgl. Rogge 1895, 8).

Nach Rogge (1895, 8-9) ist das Stottern in allen Fällen „eine Folge übermäßiger, unbewußt willkürlicher Muskelspannungen im Sprechapparate", die sich „infolge natürlicher Ungefügigkeit einzelner Sprechorgane", durch schlechtes Vorbild oder nach die Atmungs- und Stimmorgane angreifenden Kinderkrankheiten einschleichen. Diese unnormalen Muskelspannungen werden, wenn eine „zweckmäßige Anleitung" fehlt, zur Gewohnheit. „Das Stottern und vielfach auch das Stammeln sind üble Gewohnheiten und als solche zu bekämpfen", so das Fazit von Rogge (1895, 9).

Umfassend setzt sich Rogge mit der Auffassung auseinander, daß Krämpfe im Sprechapparat das Wesen des Stotterns bilden. Dieser auch von A. und H. Gutzmann vertretenen Krampftheorie schließt er sich wie die Königsberger Ärzte nicht an. Rogge hält daran für nicht richtig, daß die unnormalen Muskelspannungen des Stotterers als unwillkürliche Bewegungen und Krämpfe bezeichnet werden. Nach seiner Auffassung fehlt bei allen diesen nicht der Norm entsprechenden Muskelspannungen „das Kriterium des Krampfes", und demzufolge sind „in keinem der drei Gebiete des Sprechorganismus" – Atmung, Stimmgebung und Aussprache – die Muskelkontraktionen krampfartig (Rogge 1895, 12). Als Beleg dafür führt Rogge unter anderem an, daß der Stotterer, der den Vokal A in dem Wort „Abend" nicht aussprechen kann, „die eingetretenen falschen Muskelzusammenziehungen im Kehlkopfe oder im Atmungsapparate sofort aufheben kann, sobald er den Willen, das A zu bilden, aufgibt" (Rogge 1895, 12). Von einem tonischen oder klonischen Stimmuskelkrampf sowie einer unwillkürlichen Muskelbewegung wird man nach seiner Ansicht deshalb auch bei der Vokalbildung nicht sprechen dürfen.

Kritisch analysiert Lehrer Rogge die in den Schülerkursen zur Heilung Stotternder bisher erzielten Ergebnisse. Demnach ist die Schulbehörde in Königsberg mit den Endresultaten dieser Kurse zufrieden. Eine erneute Zählung der Stotterer hat jedoch ergeben, daß ein Großteil jener vor ein oder mehreren Jahren als vollständig geheilt entlassenen Schüler rückfällig geworden ist. Aus den „unter verschiedenen Abänderungen der äußeren Einrichtungen" durchgeführten Heilkursen hat man in Königsberg die Erkenntnis gewonnen, „daß die Schülerkurse zwar ein überraschend günstiges Schlußresultat haben, daß aber ein bleibender Erfolg derselben enge begrenzt ist" (Rogge 1895, 15-16). Als Gründe dafür nennt Rogge das sehr geringe Interesse der Eltern am Sprachheilunterricht ihrer Kinder, das nach Beendigung des Heilkurses ausbleibende Üben und Bestärken im Elternhaus sowie die nicht vorhandene, aber notwendige organische Verbindung zwischen dem gewöhnlichen Schulunterricht und der Kursarbeit. So ist ein Teil der kursentlassenen Kinder den erhöhten Anforderungen in der Schule nicht gewachsen. Ihre oft großen Kenntnislücken sind durch ihr bisheriges Stottern verdeckt worden. Sie beginnen zunächst absichtlich wieder zu stottern, um ihre Unwissenheit und „Trägheit" zu verbergen. Die Klassenlehrer können auf diese Art sehr leicht getäuscht werden. Danach verfallen die betreffenden Kinder in das Ausgangsstadium ihres Sprachgebrechens vor Beginn des Sprechheilkurses zurück (vgl. Rogge 1895, 18). Die Heilungsmöglichkeiten von Stotternden in den öffentlichen Schülerkursen mit jenen im gewöhnlichen Schulunterricht vergleichend, kommt Rogge zu dem Ergebnis, daß in letzterem bereits ausgebildete Sprechfehler nicht beseitigt werden können. Zur Heilung des Stotterns ist es erforderlich, die falschen Muskelspannungen zu beseitigen und darüber hinaus die „richtige Thätigkeit der Sprechorgane" umfänglich zu üben. Das kann im regulären Schulunterricht nicht geleistet werden, „weshalb die normalen Muskelbewegungen selbst für eine bewußte Sprechthätigkeit sich nicht genug befestigen und die falschen immer wieder auftreten" (Rogge 1895, 16).

Erfreulich sind dagegen die Heilungsaussichten, wenn ein stotterndes Kind – initiiert durch die an der Besserung seiner Sprechfertigkeit rege Anteil nehmenden Eltern – einen „Privatkursus" besuchen kann. Unter diesen das betreffende Kind bestärkenden Bedingungen ist auch die Verhütung eines Rückfalles sicherer. Diese Einschätzung gibt P. Rogge im Zusammenhang mit einer von A. und H. Gutzmann im Dezember 1891 in der „Medizinisch-pädagogischen Monatsschrift für die gesammte Sprachheilkunde" gezogenen Bilanz, derzufolge Nichtheilungen und Rückfälle nach ihren jahrelangen Erfahrungen zu den Ausnahmen gehören. Rogge moniert, daß diese Erfahrungen nur in der „Privattätigkeit" gesammelt worden sind, und sieht es daher als einen „Mißgriff" an, „dieselben auf die öffentlichen Schülerkurse anzuwenden, ohne sie hierfür durch persönliche Durchführung nur eines einzigen solchen Kursus und durch weitere Beobachtung der als geheilt Entlassenen erprobt zu haben" (Rogge 1895, 17). Nach der Analyse der Möglichkeiten und Grenzen von schulischem Stotterheilkurs, gewöhnlichem Schulunterricht und Privatunterricht bezüglich der Heilung bereits ausgebildeter Sprechfehler wendet sich Rogge der Frage zu, inwieweit sich der reguläre Unterricht an den Schulen zur Verhütung der Entwicklung von Sprechfehlern eignet. Mit Erreichen des schulpflichtigen Alters ist bei vielen Kindern, besonders bei den „Schlechtsprechern", die Zeit der Sprachentwicklung noch nicht abgeschlossen, das heißt, „die Sprechthätigkeiten sind noch nicht zur festen Gewohnheit geworden" (Rogge 1895, 20). Aufgabe des ersten Leseunterrichtes ist das Üben der Laute und ihrer Verbindungen. Er erscheint deshalb in hohem Maße geeignet, die Schüler an ein „wohllautendes Sprechen" zu gewöhnen und Sprechfehler zu verhüten. Als bereits erzielten Erfolg des ersten Schulunterrichts wertet Rogge, daß bis zum Ende des dritten Schuljahres die Artikulationsfehler nahezu vollständig beseitigt werden. Die dauerhafte „Unterdrückung der Respirations- und Phonetionsfehler" (Stottern) gelingt jedoch darin kaum (Rogge 1895, 21).

Die geringe Beeinflußbarkeit des Stotterns im gewöhnlichen

Schulunterricht führt Rogge auf das Fehlen einer zweckentsprechenden Behandlung zurück. Diese wird es nicht geben, wenn die Schulbehörde aus den verschiedenen Auffassungen über das Wesen des Stotterns keine als die allein richtige bezeichnet. Solange herrscht darüber in den Lehrerkreisen große Unklarheit (vgl. Rogge 1895, 21-22).

In den Auffassungen von A. und H. Gutzmann liegt, so Rogge, eine Inkonsequenz. So vertreten sie einerseits die Krampftheorie, sehen aber auf der anderen Seite die didaktische Methode als die einzig zur vollständigen Heilung führende an. Konsequent gehen dagegen jene Vertreter der Krampftheorie vor, die, ihrem Heilverfahren gemäß, gegen die Krämpfe Arzneien empfehlen. Mit Blick auf A. Gutzmann und H. Gutzmann sen., ihre Art und Weise, erzielte Erfolge darzustellen und Bücher zu besprechen, „die Wiederkehr des Streites um die Priorität des Verfahrens 50 Jahre nach 1841" sowie „die Verwertung der behördlichen Bekundungen" beanstandet Rogge die fehlende „ungeschminkte und persönlich unbeeinflußte Sachlichkeit" (Rogge 1895, 22). Für die Unterweisung der Lehrer in der Behandlung fehlerhaft sprechender Kinder eignen sich die bisher über das Stottern veröffentlichten Bücher nicht. Sie sind aus der Privatpraxis hervorgegangen und für den regulären Schulunterricht nicht zweckentsprechend gestaltet. Ferner hält P. Rogge die in letzter Zeit erschienenen kurzen Sprechregel-Tabellen, „die eine richtige Behandlungsweise der stotternden Schüler im gewöhnlichen Schulunterrichte anbahnen sollen", für untauglich, „schon aus dem einen Grunde, daß die unnormal entwickelten Schüler am allerwenigsten nach Schema G. oder T. zu behandeln sind" (Rogge 1895, 23).

Abschließend fordert P. Rogge Reformen, um der Entwicklung der Sprechfehler in der Schule mehr und besser als bislang vorzubeugen. Demnach soll die Schulbehörde zuerst endgültig entscheiden, welche Auffassung über das Wesen der Sprechfehler der Behandlung zugrunde gelegt, nach welcher Methode verfahren werden soll. Ferner ist für die Lehrer der niederen und höheren Schulen sowie der Seminarien ein Lehrbuch über die Sprechfehler und deren Bekämpfung auszuarbeiten. Die Lehrer sind in erster Linie bereits in ihrer Ausbildung und später in Ausübung ihres Berufes durch Vorträge, Lektionen und Schriften in der praktischen Behandlung fehlerhaft sprechender Kinder zu unterweisen. Überdies ist der erste Leseunterricht dahin gehend zu reformieren, daß „auch die Übung der richtigen Sprechthätigkeiten nach der Sprechleichtigkeit zu ordnen und soviel wie möglich zu vergrößern sein" wird (Rogge 1895, 24). Darüber hinaus bezweckt Rogge mit der Reform dieses Unterrichtes, daß bei allen Schülern eine wohlklingende Aussprache herbeigeführt wird. Weiterhin ist die Höchstfrequenz von 80 Schülern je Klasse stark herabzusetzen. P. Rogge hält es für unbedingt erforderlich, daß jeder Lehrer seine Klasse die ersten drei Schuljahre (siebte, sechste und fünfte Klasse) hindurch leitet. In mehrklassigen Schulen sollen die Lehrer abschnittsweise mit ihren Klassen „mitgehen". Nach dem dritten Schuljahr übernimmt demnach ein anderer Lehrer die Klasse und führt sie durch das vierte, fünfte und sechste Schuljahr (vierte, dritte und zweite Klasse). Abschließend, im siebenten und achten Schuljahr (erste Klasse), soll der Rektor die Klasse leiten (vgl. Rogge 1895, 25).

Für vier Prozent der fehlerhaft sprechenden Kinder wird auch ein reformierter erster Leseunterricht nicht ausreichen, um eine „fließende Sprache" zu erzielen. Erkennbar ist das bereits bei der Einschulung. Dazu gehören Kinder, „deren Sprechorgane eine bedeutende Ungefügigkeit zeigen – höchster Grad ... durch Lähmungen hervorgerufen –, oder deren Sprechapparate organische Defekte aufweisen: Hasenscharte, Wolfsrachen etc." (Rogge, 1895, 26). In letzteren Fällen ist vor der pädagogischen Behandlung die chirurgische notwendig. Am schlimmsten ist es für diese Kinder, an Schulen für Schwachsinnige „abgestoßen" zu werden. Ihre Unterbringung in Anstalten ähnlich den Taubstummen- und Blindenanstalten wäre ebenso unpassend. Rogge schlägt deshalb vor, den Lehrplan einer Schule um einen besonderen Sprechunterricht von wöchentlich sechs Stunden zu erweitern. In jedem Jahr sollen in diese Schule maximal zehn der am stärksten fehlerhaft sprechenden Kinder aufgenommen werden, die das ganze erste Schuljahr über neben dem regulären Schulunterricht an dem besonderen Sprechunterricht teilnehmen. Die betreffenden Kinder sind mit dem Erreichen des schulpflichtigen Alters gleich in diese Schule einzuschulen. Die Gruppe der zehn „Schlechtsprecher" soll sich so zusammensetzen, daß die größere Anzahl dieser Schüler der untersten Klasse entstammt und eine kleinere Anzahl älterer Kinder aus höheren Klassenstufen kommt. Zu den letzteren zählen auch Schüler, die den besonderen Sprechunterricht in den Vorjahren besucht haben. Sie stottern oder stammeln nicht mehr, benötigen jedoch zur Festigung einer fließenden und deutlichen Aussprache „noch ein oder zwei Jahre der dem besonderen Sprechunterrichte sich anschließenden Gewöhnung" (Rogge 1895, 27). Alle Lehrkräfte dieser Schule sollen in einem besonderen Examen, ähnlich dem der Taubstummenlehrer, detailliertes Wissen über die Behandlung von Sprechfehlern nachweisen. Den besonderen Sprechunterricht – eine Stunde täglich – soll der Schulleiter im Nebenamt erteilen. Schulunterricht und Sprechunterricht müssen in einem organischen Zusammenhang stehen. Die Schule hat außerdem die Lehrer der Unterstufe aus Stadt und Provinz in die praktische Behandlung fehlerhaft sprechender Kinder einzuführen. Den gesammelten Erfahrungen entsprechend sollte darüber entschieden werden, ob eine einzige derartige Schule für eine Provinz ausreicht (vgl. Rogge 1895, 27).

Die von Rogge gestellten Forderungen und sein Schulkonzept haben von seiten der Behörden nicht die nötige Zustimmung gefunden. So erwähnt der Königsberger Stadtschulinspektor Tromnau (1904, 78), daß „wiederholte Anträge des Lehrers Rogge auf Einrichtung einer besonderen Anstalt für Sprechheilkunde ... als zu weit gehend abgelehnt" worden sind. Nach weiteren Verhandlungen einigt man sich auf folgenden Unterrichtsversuch.

Rogge erhält die Unterklasse an der achten Knabenvolksschule. Alle Kinder dieser Klasse sind neu in die Schule aufgenommen worden. Unter ihnen befinden sich fünf besonders ausgewählte Stotterer oder Stammler. Gleichzeitig wird ein Sprechheilkursus eingerichtet, den acht bis zehn aus den höheren Klassen ausgewählte Schüler mit schweren Sprechfehlern besuchen. Rogge erteilt ihnen täglich eine Stunde Unterricht. Er leitet den Sprechheilkurs. Ziel ist ein Vergleich der beiden Organisationsformen – Sprechheilkurs und gemeinsamer lehrplanmäßiger Unterricht von „Schlechtsprechern" mit den normalsprechenden Schulkindern – hinsichtlich der erreichten Erfolge. An der Knabenvolksschule ist Rogge ihrem Rektor unterstellt, unterrichtet aber nicht in anderen Klassen. In bezug auf die Unterrichtsmethode erhält er keinerlei Vorgaben. Er ist dagegen verpflichtet, den Bewerberinnen um ein städtisches Lehramt sowie Lehrerinnen und Lehrern aus Königsberg Hospitationen zu gewähren. Den Lehramtsbewerberinnen soll er zusätzlich „theoretische Belehrungen" geben. Für seine Arbeit erhält Rogge eine Funktionszulage von 600 Mark jährlich. Einmalig werden ihm 150 Mark zum Kauf von Lehrmitteln und Apparaten zur Verfügung gestellt (vgl. Tromnau 1904, 78).

Nach Tromnau (1904, 78) hat sich dieser Anfang April 1902 ins Leben gerufene Schulversuch „für die direkt beteiligten, mit Sprachgebrechen behafteten Kinder außerordentlich bewährt". Inwieweit er für ganz Königsberg bedeutsam sein wird, hängt von dem Interesse der Lehrerschaft ab. Balla (1908, 685) bemerkt hierzu vier Jahre später, daß „dieses Unternehmen … keinen dauernden Bestand" hatte. P. Rogge bleibt zunächst als Lehrer an der achten Knabenvolksschule. Um 1908 wechselt er an die zweite Volksschule für Mädchen, an der er nach den Königsberger Adreßbüchern bis zum Jahr 1913 unterrichtet. Aus seiner Schulpraxis entwickelt Rogge neue Lehrmittel für das erste Schuljahr (vgl. dazu unten Kapitel 3.3, 109).

Nach dem Schulversuch werden in Königsberg wie zuvor

kontinuierlich Sprechheilkurse für Schüler mit schweren Sprachgebrechen, meist Stottern, unter Leitung von Rogge durchgeführt. Die Schulbehörde ist zugleich daran interessiert, daß sich möglichst viele Lehrer der Stadt mit der Behandlung von Sprachgebrechen vertraut machen. So verfügt sie im Hinblick auf den 1906 stattfindenden Sprechheilkursus:

> „Der Unterricht in dem Sonderkursus findet an jedem Wochentage von 11 bis 12 Uhr vormittags statt. Um jedoch fortwährende Störungen und die Wiederholung der Erläuterungen zu vermeiden, bestimmen wir, daß die Stunden von 11 bis 12 Uhr am Mittwoch und Sonnabend jeder Woche zum Hospitieren der Lehrpersonen dienen sollen. Die Schulleiter werden ersucht, die ihnen unterstellten Lehrer und Lehrerinnen zum Besuche des genannten Kursus anzuregen, insonderheit diejenigen, aus deren Klassen die dem Kursus angehörigen Schüler entnommen sind. Diesen Lehrern ... ist unter allen Umständen, nötigenfalls durch nachträgliche Aenderung des Stundenplans an den beiden genannten Tagen die Zeit von 11 bis 12 Uhr zum Hospitieren frei zu lassen." (Lehrerzeitung für Ost- und Westpreußen 1906, 334)

Darüber hinaus wird 1908 auf Anordnung des Königsberger Magistrats erneut ein Kurs zur Unterweisung von Lehrkräften in der Behandlung sprachgebrechlicher Kinder durchgeführt. Beabsichtigt ist, zukünftig Schülerkurse in mehreren Stadtvierteln Königsbergs einzurichten, um der hohen Anzahl von schulpflichtigen Schülern mit Sprechfehlern gerecht zu werden. Ferner soll damit ein weiter Weg zwischen Schule und Kurs für die Teilnehmer vermieden werden. Bisher können jährlich zwölf bis 15 Schulkinder aus allen Teilen der Stadt den von P. Rogge an seiner Schule geleiteten Sprechheilkurs besuchen (vgl. Lehrerzeitung für Ost- und Westpreußen 1908, 177).

Zur Teilnahme an dem im März 1908 stattfindenden Lehrkurs melden sich mehr Interessierte, als berücksichtigt werden können. Aus den städtischen Mittel-, Bürger-, Hilfs- und Volksschulen besuchen drei Lehrerinnen, neun Lehrer sowie zwei Rektoren diesen vierwöchigen Kurs unter Leitung von Rogge. Auch Mittelschullehrer Balla nimmt daran teil und hält im September 1908 im Königsberger Lehrerverein einen Vortrag über Ablauf und Inhalte des Lehrkurses. Er wendet sich darin ausführlich dem von Rogge vorgeführten „methodisch geordneten Unterrichtsgang" zu (Balla 1908, 686).

Zunächst werden Atemübungen durchgeführt und „Merksätze" (Sprechregeln) eingeübt. Daran schließen sich „Laut- und Sprechübungen" an. Wortlaut und Reihenfolge der Übungen von Rogge sind im folgenden – entnommen aus dem veröffentlichten Vortrag von Balla – aufgeführt:

Merksätze:

„1. Ich soll langsam und ruhig sprechen.
 2. Ich soll vor jedem Satze durch den weit geöffneten Mund tief Atem holen.
 3. Erst besinnen, dann beginnen.
 4. Ich soll die Selbstlaute weich und gedehnt sprechen.
 5. Erst sich sammeln und besinnen, dann tief atmen, leis beginnen.
 6. Ich soll gebunden sprechen.
 7. Ich soll scharf in jede Vokalstellung gehen.
 8. Ich soll die Zunge flach unten an die Zähne legen.
 9. Ich soll Silbe für Silbe sprechen und lesen."

Atemübungen:

„1. Einatmen durch den Mund, ausatmen durch den Mund.
 2. Einatmen durch die Nase, ausatmen durch die Nase.

3. Einatmen durch die Nase, ausatmen durch den Mund mit hörbarem Hauchlaut und a – ha, erst lang, dann gebrochen, ha – ha ha ha ...

4. Hände heben, einatmen durch den Mund, Hände senken und ausatmen durch den Mund mit hörbarem ‚ha'.

5. Einatmen durch die Nase, Atem einhalten, nachatmen und ausatmen durch den Mund.

6. Arme vorwärts heben, nach hinten rollen. Arme vorwärts heben, durch die Nase einatmen, rückwärts senken, durch den Mund ausatmen.

7. Hände auf den Rücken legen, ein- und ausatmen durch den geöffneten Mund, dann einatmen durch den Mund, halten, nachatmen, ausatmen durch den Mund.

8. Arme seitwärts heben und senken mit derselben Atemübung.

9. Arme auf den Rücken ineinanderlegen, dann nach unten sto-ßen, bei 1 tief die Hände herunterstoßen, bei 2 langsam in die Höhe ziehen. Bei dieser Uebung die vorige Atemübung anwenden.

10. Hände in den Nacken legen, dann dieselbe Atemübung.

11. Hüften fest, Arme nach hinten, dann nach vorne drehen. Atemübung dabei dieselbe.

12. Arme vorwärts strecken, nach hinten schlagen, erst ohne, dann mit der Atemübung.

13. Arme seitwärts heben, Handrücken einander zugekehrt, sen-ken, ohne und mit Atemübung.

14. Das einseitige Atmen: Linke Hand auf die Rippen recht hoch legen, den andern Arm über den Kopf halten, Atemübung wie vorher."

(Balla 1908, 686)

Die nun folgenden „Stimm- und Sprechübungen" nehmen den größten Teil der Zeit in Anspruch. Sie werden unter Benutzung einer Lauttabelle durchgeführt, in der sich die Vokale und Kon-sonanten in einer dem Zweck und der Reihenfolge der Übungen entsprechenden Ordnung befinden. Zuerst werden die Vokale mit dem Hauchlaut „h" verbunden. Diese Silben sind zunächst gedehnt, „dann abgebrochen" zu sprechen, gefolgt von Wörtern und Sätzen mit den geübten Silben am Anfang (Balla 1908, 686).

Stimm- und Sprechübungen:

„1.   Uebung: ha- ha ha ha – he- he he he – ho- ho ho ho.
          – Hagel, heben, holen. – Hafen laufen schnell.
          – Hebe den Eimer. – Hole den Stuhl.

2.   Uebung: Ebenso mit hi hu hä hö hü.

3.   Uebung: In einem Atemzug wurden folgende Silben gesprochen: ha he ho hi hu hä hö hü.

4.   Uebung: au. Man muß erst a lauten lassen, in die u-Stellung übergehen und bei u aushalten.
          Hei: Weite Mundstellung verbinde man mit der breiten.
          Heu: Runde Mundstellung.
          Hai: Auch hier folgten Wörter und Sätze.
          Darauf wurden diese Laute in einem Atemzuge geübt.

5.   Uebung: Die Silben ha he ho hi usw. mit kurzen Vokalen, Wörter und Sätze damit.

6.   Uebung: Weglassen des Hauptlautes ‚h', die Vokale wurden allein geübt und Wörter mit den Vokalen im Anlaut gesucht.

7.   Uebung: Lippenschluß m b p. Beim Stotterer ist auf die Vokalbildung, beim Stammler auf die Bildung der Konsonanten zu achten. Jetzt wurden die Vokale statt mit h, mit diesen drei Konsonanten verbunden, und zwar in gedehnter und dann in kurzer Form. Es folgten wieder Wörter und Sätze. Also: ma me mo mi mu mä mö mü (atmen) mau mei meu mai (atmen) ma me mo mi mu mä mö mü. Dasselbe mit den Konsonanten b und p.

8. Uebung: Vorsetzen der Konsonanten h m b p w f vor jeden Vokal. – ha ma ba pa wa fa usw.

9. Uebung: Es folgte dieselbe Zusammenstellung mit den Konsonanten n d f. Bei diesen Konsonanten wurde die Zunge flach und lose gehalten, die Spitze legte sich an die oberen Zähne, der Ton ging durch die Nase. Hierauf folgten die Konsonanten s ß z. Bei diesen Konsonanten machte die Zunge eine Rinne. Die Konsonanten j ch (wie in reich), ch (wie in ach), ng, g, k." (Balla 1908, 686-687)

Danach sind die Vokale aus allen Konsonantenstellungen zu bilden, „z.B. ha ma ba pa fa na da ta la sa ßa za, ja cha cho nga ga ka" (Balla 1908, 687). Diese von P. Rogge vorgeführten Übungen sind von den Teilnehmern des Lehrkurses 1908 sogleich mit den ihnen zugewiesenen Schulkindern – je zwei bis drei Stotterer oder Stammler – durchzuführen. Für jeden seiner Schüler hat der Kursist auf einem Quartblatt die Personalien, das während des Unterrichts festgestellte Krankheitsbild und die Beobachtungen von eingetretenen Besserungen zu notieren. Am Ende jeder Stunde werden diese Blätter vom Kursleiter eingesammelt. Vor Beginn des Unterrichts haben die Kursteilnehmer kleine platte Stäbchen erhalten, mit denen sie die Zungenlage der Stotterer vor dem Spiegel korrigieren sollen. Sieben Vorträge zu den medizinischen Grundlagen hält R. Kafemann und drei zur Pädagogik P. Rogge (vgl. Balla 1908, 685-687).

Balla (vgl. 1908, 687) schließt seinen Vortrag mit weiterführenden Überlegungen zum Ausbau der schulischen Sprachheilarbeit in Königsberg. Er empfiehlt, die Stadt in Schulbezirke einzuteilen. Die neuaufgenommenen Stotterer werden in jedem Bezirk einer Lehrkraft überwiesen. Sie unterrichtet diese maximal 20 Schüler ein Jahr lang oder auch länger, wenn der Sprechfehler noch nicht beseitigt ist. Dann sollen die Kinder in ihre Schulen zurückkehren. Sie bleiben durch Teilnahme an einem Wiederholungs- und Übungskurs von einer Stunde wöchentlich aber in der Obhut des Sprachheillehrers. Belege dafür, daß diese Idee realisiert worden ist, gibt es bislang nicht. Für die seitens des Magistrats von Königsberg nach Abschluß des Lehrkurses geplante Ausweitung der Sprachheilkurse für Schüler auf verschiedene Stadtviertel sind in den bis jetzt ermittelten Quellen ebenso keine Hinweise gefunden worden.

In Abbildung 5 sind alle bisher recherchierten Königsberger Sprachheilkurse aufgeführt. Der Zeitraum von dem Einrichten der ersten beiden Heilkurse 1889/90 bis zu dem Schulversuch 1902 ist schon ausführlich dokumentiert. Die tabellarischen Angaben von 1903/04 bis 1934 sind den Verwaltungsberichten der Stadt Königsberg entnommen. Ab 1935 werden der jährlich erscheinende Verwaltungsbericht und das statistische Jahrbuch zum „Jahrbuch Königsberg (Pr)" zusammengefaßt. Darin sind 1935 bis 1937 schulische Sprachheilkurse nicht belegt. In den „Haushaltsplänen" (Etats) von Königsberg für 1938 bis 1941 sind diesbezüglich keine Finanzmittel aufgeführt. Für den Zeitraum von 1942 bis 1945 fehlen bislang Quellen. Die Verwendung der Termini „Sprechheilkurs" oder „Sprachheilkurs" richtet sich nach den Quellenbelegen.

Die jedem einzelnen Sprachheilkurs zugrundeliegende Methode ist aus den Quellen nicht entnehmbar. Es ist aber anzunehmen, daß auch in nicht von Rogge geleiteten Schülerkursen die von ihm praktizierte und in den Lehrkursen vermittelte didaktische Übungsbehandlung Anwendung findet. Bei seinem methodischen Vorgehen orientiert er sich an der Gutzmann-Methode. Unter Königsberger Lehrern findet auch die Methode von E. Engel (Dresden) Anklang. Prorektor Bellmann, 1908 Teilnehmer des Lehrkurses von Rogge, hält 1910 im Königsberger Lehrerverein einen Vortrag über gesundheitsgemäßes und phonetisch richtiges Sprechen, in dem er die Engelsche Stimmbildungslehre als verbreitenswert ansieht (vgl. Bellmann 1910, 807). Danach

JAHR	KURSLEITER	KURSORGANISATION
1889/90	P. Rogge (Lehrer an der Bürgerschule für Knaben auf dem Haberberg)	2 Sprechheilkurse (8 Knaben, 8 Mädchen aus Volks- und Bürgerschulen) 1 Std./Tag während regulärem Unterricht 6 Stdn./Woche
bis 1893	P. Rogge	6 ähnliche Heilkurse jeweils 4 bis 7 Monate und Nachhilfekurs für rückfällige Stotterer 1 Std./Woche
1. April 1902	P. Rogge (ab jetzt Lehrer an der VIII. Knabenvolksschule)	Schulversuch Anfangsklasse normal sprechender Kinder, darunter etwa fünf Stotterer oder Stammler Sprechheilkurs (8 bis 10 Schüler höherer Klassen mit schweren Sprechfehlern) 1 Std./Tag
1903/04 1905/06 1908 1909		je 600 Mark sind in der allgemeinen Schulverwaltung zur Bekämpfung von Sprechfehlern verausgabt worden
1911	P. Rogge E. Wieberneit (1893–1945, Rektor und Studienrat)	Sprachheilkurse (33 von insgesamt 123 Kindern mit schweren Sprachgebrechen) jeweils 6 Monate 1 Std./Tag
1912	P. Rogge E. Wieberneit	Sprachheilkurse wie im Vorjahr (auch rückfällige Kinder aus Kursen von 1911)
1913–1920		im "Verwaltungsbericht der Stadt Königsberg Pr. in den Jahren 1913/1920" nicht belegt
1921	2 städtische Lehrkräfte	2 Sprachheilkurse (41 Schüler aus der ganzen Stadt)
1922	2 städt. Lehrkräfte im Nebenamt	2 Sprachheilkurse (je 20 Kinder)

JAHR	KURSLEITER	KURSORGANISATION
1923	2 städt. Lehr-kräfte im Nebenamt	2 Sprachheilkurse (mit 18 und 21 sprachkranken Kindern)
1924	1 Lehrerin und 1 Rektor im Nebenamt	2 Sprachheilkurse (mit 23 und 20 Kindern)
1925		2 Sprachheilkurse (mit 23 und 21 Schülern)
1926		2 Sprachheilkurse (mit 24 und 21 Kindern)
1927		2 Sprachheilkurse (mit 22 und 25 Mädchen und Knaben) an der List- und Tribukaitschule (beides Volksschulen)
1928		2 Sprachheilkurse (mit 25 und 30 Kindern)
1929		2 Sprachheilkurse (mit 35 und 26 Kindern)
1930		2 Sprechheilkurse (mit 30 und 29 Kindern)
1931	A. Tackmann (Konrektorin der Roonschule) A. Kecker (Lehrerin an der Listschule)	2 Sprechheilkurse (61 Kinder) an der Roon- und Listschule (beides Volksschulen)
1932	A. Kecker M. Lemke (Hilfsschulleh-rer an der Comeniusschule)	2 Sprachheilkurse (44 Kinder) an der Listschule und an der Comeniusschule (Hilfsschule)
1933		2 Sprachheilkurse (je 30 Kinder)
1934	2 städt. Lehrkräfte	2 Sprechheilkurse (je 30 Kinder)
1935–1945	in den Jahrbüchern und Haushaltsplänen der Stadt Königsberg nicht belegt	

Abb. 5: Übersicht über die Königsberger Sprachheilkurse

Abb. 5: Übersicht über die Königsberger Sprachheilkurse

nimmt Bellmann an einem von Engel geleiteten Stimmbildungs-kurs in Dresden teil. Nach Mitteilung des „Amtlichen Schulblattes für den Regierungsbezirk Königsberg" (vgl. 1912, ?) ist G. Bellmann bereit, Stimmbildungsunterricht nach Engelscher Methode zu geben. Den Königsberger Adreßbüchern zufolge erteilt die diplomierte Stimmbildungslehrerin I. Gundel von 1914 an Sprechkranken Privatunterricht nach der Methode Engel. 1914 publiziert A. Elders in der Lehrerzeitung für Ost- und Westpreußen den Beitrag „Ueber wissenschaftliche und künstlerische Stimmpflege mit Berücksichtigung der Stotterheilung" (vgl. Elders 1914, 199). Der Krefelder Lehrer stellt darin seine Methode vor. Bisher ist nicht belegbar, daß die Methoden von Engel und Elders in den schulischen Sprachheilkursen Königsbergs angewandt worden sind.

Zu der Abbildung 5 ist zu ergänzen, daß nach dem Verwaltungs-bericht von 1911 die Kurslehrer Rogge und Wieberneit bereits in den Vorjahren die schulischen Sprachheilkurse geleitet haben. Näheres ist dazu nicht angegeben. Lehrer Rogge unterrichtet von 1914 bis zu seiner Pensionierung an der 20. Volksschule (ab 1915 Moltkeschule) von Königsberg. In den zwanziger Jahren wird er zum Konrektor ernannt. Die Leiterinnen der 1931 stattfindenden Sprechheilkurse A. Tackmann und A. Kecker haben an der Tagung „Das sprachkranke Kind" im Mai 1929 in Halle/Saale teilgenommen. Sie ist von der „Arbeitsgemeinschaft für Sprach-heilpädagogik in Deutschland", gegründet 1927, in Zusammenar-beit mit der Schulverwaltung der Stadt veranstaltet worden (vgl. Hasenkamp 1930, 165 u. 167).

Schulische Sprachheilkurse werden auch in anderen Städten der Provinz Ostpreußen eingerichtet. So führt Hansen (vgl. 1929, 16-17) unter 95 Orten, an denen in Deutschland derartige Kurse bestehen, Allenstein, Insterburg und Tilsit auf. Seine Übersicht ist eine Bearbeitung der von Hasenkamp 1928 erstellten Karte „Schuleinrichtungen für sprachleidende Kinder in Deutschland".

Bislang ist nicht ermittelbar, wann die Sprachheilkurse in den genannten Städten eingerichtet worden sind, wer sie geleitet hat. Nach dem 1891 veröffentlichten Verzeichnis der Teilnehmer an den Berliner Lehrkursen hat der Lehrer Friedrich Baumann aus Insterburg eine Einführung in die Gutzmann-Methode erhalten (vgl. MPM 1891, 400). Wie bereits dokumentiert, wird 1894 in Königsberg unter Leitung von P. Rogge ein Lehrkurs für Lehrer der Provinz durchgeführt. Es ist daher anzunehmen, daß in den von Hansen 1929 erfaßten ostpreußischen Städten Allenstein, Insterburg sowie Tilsit Sprachheilkurse schon vor 1900 eingerichtet werden und darin die Gutzmann-Methode Anwendung findet. Nach Steiniger (vgl. 1942, 94, 97 u. 138) bestehen sie zu Beginn der vierziger Jahre nicht mehr. In allen drei Städten kommt es zu Hilfsschulgründungen (vgl. dazu oben Kapitel 1.2.3, 33 u. 36). Auskunft über die Sprachheilarbeit in der Nachbarprovinz Westpreußen gibt folgende Anweisung der Schulbehörde in Danzig zur Behandlung stotternder Kinder, die den Volksschulen der Stadt 1913 zugeht.

„1. Das Kind ist vor geistiger und körperlicher Überanstrengung sowie vor Schreck, Angst und sonstiger Aufregung zu bewahren. 2. Die Ernährungs- und Lebensweise desselben muß eine geregelte und gesundheitsgemäße sein. 3. Das Kind darf seines Sprachfehlers wegen nicht verspottet werden. 4. In der ersten Zeit seiner Teilnahme am Heilkursus ist das Sprechen des Kindes auf das Allernotwendigste zu beschränken. 5. Es muß dem Kinde vorläufig gestattet sein, alles, was es zu sagen hat, flüsternd oder mit leisem Tone zu sprechen. 6. Fortschritte in der Sprachfähigkeit des Kindes sind freundlich anzuerkennen, damit das Selbstvertrauen gestärkt werde. 7. Das stotternde Kind ist zu gewöhnen, ohne alle Anstrengung zu sprechen. 8. Die wichtigsten Sprachregeln sind folgende: a) Ich soll langsam und ruhig sprechen. b) Ich darf nicht zu laut und nicht zu leise sprechen. c) Ich muß wissen, was ich sagen will, und nur daran denken. d) Ich muß vor dem Sprechsatze kurz und tief Atem holen. e) Ich muß beim Sprechen eine gute Körperhaltung einnehmen. f) Ich muß die Vokale in den Anfangs- und Hauptsilben lang ziehen und scharf in die Vokalstellungen gehen. (Die Kinder sind bei Verstößen sofort zu veranlassen, die betreffende Regel vorschriftsmäßig herzusagen.) 9. Das Sprechen des Kindes ist auch nach der Entlassung aus dem Kursus nach dieser Anweisung zu überwachen." (Lehrerzeitung für Ost- und Westpreußen 1913, 207)

Aus dem Überblick zur Entstehung und Entwicklung der schulischen Sprachheilarbeit in Ostpreußen geht hervor, daß von den Anfängen 1889/90 über einen Zeitraum von 45 Jahren (mit Unterbrechungen) die Durchführung von Sprachheilkursen in Königsberg belegt ist. Bedingt durch den Ersten Weltkrieg und seine Folgen sind diese Kurse in den Jahren von 1913 bis 1920 in den bisher ermittelten Quellen nicht nachweisbar. Mit W. A. Fett, dem Initiator, und P. Rogge, dem Leiter der Sprachheilkurse zur Behandlung stotternder Schüler, prägen zwei erfahrene Bürger- und Volksschullehrer die sprachheilpädagogische Arbeit in Königsberg.

Die Heilkurse dauern vier bis sieben Monate. Während der regulären Unterrichtszeit wird den Kursteilnehmern täglich eine Stunde Heilkursunterricht erteilt. Die Königliche Regierung und der Königsberger Magistrat reagieren auf die hohe Anzahl rückfälliger Stotterer bereits 1894 mit dem Einrichten von Kursen zur Unterweisung der Lehrer in der Behandlung von Schülern mit Sprachgebrechen.

Grundlegend für die von P. Rogge in den Schülerheilkursen angewandte und in den Lehrkursen vermittelte didaktische Übungsbehandlung ist die Gutzmann-Methode. Seine weitreichenden Vorschläge, die von der Ausarbeitung eines Lehrbuches zu den Sprechfehlern für die Lehrerausbildung über die deutliche Herabsetzung der Klassenfrequenz und die Reform des ersten Leseunterrichts an den Königsberger Volksschulen bis zu einem eigenen Schulkonzept reichen, finden bei der Schulbehörde kaum Resonanz.

Der 1902 bewilligte Schulversuch führt in Königsberg nicht zur Gründung einer Sprachheilschule und hat keinen Bestand. Danach bleiben die Sprachheilkurse die dominierende Organisationsform des schulischen Sprachheilwesens in Königsberg. Sie sind bis 1934 belegt.

Durch die den städtischen Lehrern empfohlenen Hospitationen in den Heilkursen zur Behandlung stotternder Schüler und durch mehrere von P. Rogge gemeinsam mit R. Kafemann geleitete Lehrkurse sind eine Vielzahl der Königsberger Mittel-, Bürger-, Hilfs- und Volksschullehrer sowie Rektoren mit den Sprachgebrechen und einer didaktischen Übungsbehandlung vertraut.

Neben dem an der Gutzmann-Methode orientierten Vorgehen findet auch die Methode von Engel in Königsberg Verbreitung. Belegbar ist ihre Anwendung im Privatunterricht.

Auch in den mittleren Städten Ostpreußens, in Allenstein, Tilsit und Insterburg, sind Sprachheilkurse nachgewiesen. Darüber hinaus gibt auch die Schulbehörde der Stadt Danzig in der Nachbarprovinz Westpreußen 1913 eine Anweisung zur Heilkursbehandlung stotternder Schüler heraus.

Einfluß auf das pädagogische Denken des Leiters der Königsberger Sprachheilkurse und der Lehrkurse, Paul Rogge, haben offenbar Schriften von Paul Bergemann (vgl. Rogge 1895, 2425).

3.2 Sprachheilunterricht an Hilfsschulen

Die Angaben zur Sprachheilarbeit an den Hilfsschulen Ostpreußens sind in den ermittelten Quellen spärlich. Nach Tromnau (vgl. 1913, 183) werden in den Anfangsklassen der Königsberger Hilfsschulen Artikulationsübungen sowie für Kinder mit schweren Sprechfehlern, vor allem Stottern und Stammeln, Sprechheilstunden durchgeführt. E. Rehs und E. Witt, Lehrerinnen an der ersten Hilfsschule (1885) von Königsberg, haben nach langjährigen Erfahrungen auf diesem Gebiet Lehrbücher entwickelt (vgl. dazu unten Kapitel 3.3, 115). Die Lehrkräfte der Hilfsschulen nehmen an Kursen für Sprachheilkunde teil (vgl. Tromnau 1904, 73). Näheres wird dazu nicht ausgeführt. Emil Bendziula, Lehrer einer Bürgerschule für Knaben in Königsberg, nimmt an einem der Berliner Lehrkurse zur Unterweisung in der Gutzmann-Methode teil (vgl. MPM 1891, 401). Schon 1895 ist er, so das Königsberger Adreßbuch, Rektor der zweiten Hilfsschule. Ab 1909 leitet Bendziula außerdem ein Erziehungsheim für schwachsinnige Kinder (vgl. dazu oben Kapitel 1.2.3, 34). Wie bereits dokumentiert, nehmen auch Hilfsschullehrer an dem von P. Rogge 1908 geleiteten Lehrkurs zur Einführung in die Behandlung sprachgebrechlicher Schüler teil und führen vereinzelt Sprachheilkurse an Hilfsschulen in Königsberg durch (vgl. dazu oben Kapitel 3.1, 101 u. 107).

Zur Sprachheilarbeit an Hilfsschulen weiterer Orte Ostpreußens gibt es bisher nur einen Quellenbeleg. Nach Steiniger (vgl. 1942, 94) erhalten 1940 an der Elbinger Hilfsschule sieben Stotterer, sechs Stammler und 13 Lispler Sprachheilunterricht.

3.3 Unterrichtsmaterialien für Anfangsklassen

Der Lehrer W. Neumann (vgl. 1904, 729-732) hält 1904 einen Vortrag im Königsberger Lehrerverein, in dem er die von P. Rogge entwickelten und herausgegebenen neuen Hilfsmittel für das erste Schuljahr vorstellt. Wenig später führt das „Amtliche Schulblatt für den Regierungsbezirk Königsberg" diese den Schulinspektoren und Lehrern seitens der Königlichen Regierung, Abteilung für Kirchen- und Schulwesen ausdrücklich empfohlenen Lehrmittel wie folgt auf:

„1. Lesemaschine, Preis 15 Mk.

Dazu vier Alphabete in kleiner und großer Schreib- und Druckschrift auf Pappe gezogen und die untere Kante mit Leinwand eingefaßt, Preis 5 Mk.

Hierzu ein Pappkasten mit 25 Fächern zur Aufbewahrung der Buchstaben, Preis 3 Mk.

2. Rechenmaschine mit zehn Kugeln, Preis 10 Pf.

3. Rechenmaschine mit zwanzig Kugeln, Preis 15 Pf.

4. Lauttafel, Preis unaufgezogen 3,50 Mk., aufgezogen und mit Stäben versehen 5 Mk."

(Amtliches Schulblatt zit. nach Lehrerzeitung für Ost-und Westpreußen 1904, 732)

In Abbildung 6 ist die Lesemaschine von Rogge dargestellt, deren Aufbau Neumann (1904, 729) so beschreibt:

„Dieselbe besteht aus zwei hintereinander befindlichen kreisrunden Pappscheiben von 80 cm Durchmesser. In der Mitte der vorderen Scheibe ist eine waagerechte Holzleiste (a b) angebracht, deren Enden 8 cm über die Scheibe hinausragen und Einschnitte zum Aufhängen der Maschine haben. Ueber dieser Leiste sind in der vorderen Scheibe zwei Klappen (c d) von je 12 cm Höhe so übereinander eingefügt, daß die untere nach unten, die obere nach oben geöffnet werden kann. Zu beiden Seiten der Klappen sind zum Einstellen von Buchstaben zwei Pappstreifen (e e f f) befestigt. Auf der Vorderseite der hinteren Scheibe stehen die Selbstlaute in Schreib- und Druckschrift. Die Größe dieser Buchstaben entspricht der Höhe der Klappen, ihre Stellung ist derart, daß sie genau in den Ausschnitt der geöffneten Klappe passen. An der Rückseite dieser Scheibe sind rechtwinklig zu einander zwei Holzleisten angebracht, deren Enden (g h i k) 4 cm über die Scheibe hinausragen und als Griffe zum Drehen dieser Scheibe dienen. Beide

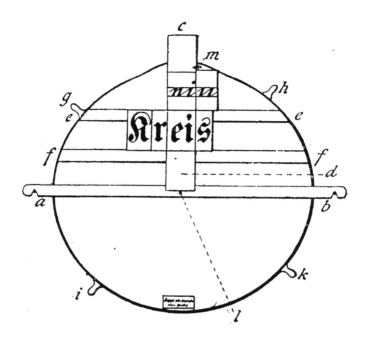

Abb. 6: Lesemaschine von P. Rogge

Scheiben sind im Mittelpunkte durch eine Schraube (1)
verbunden." (Neumann 1904, 729)

Nach Neumann (1904, 730) sind bei der Roggeschen Lesemaschine „die Lautzeichen für die immer wiederkehrenden
Selbstlaute, die Hauptbestandteile der Silben, von vornherein
festgelegt und erscheinen vor den Augen der Schüler, sobald die
Klappen geöffnet, und die hintere Scheibe gedreht wird". Demnach stehen diese Buchstaben in jeder Lesestunde zum soforti-
gen Gebrauch bereit. Der Lehrer muß sie nicht anschreiben, aus-
suchen oder aufstellen und gewinnt so Zeit zum Üben. Ein weiterer Vorzug dieser Lesemaschine ist das Lenken der Aufmerk-

samkeit des Schülers auf den eingestellten Buchstaben, der erlernt werden soll. Das Abgelenktsein durch andere Buchstaben entfällt. Lautverbindungen können ausgiebig geübt werden, wie Neumann zeigt: „Stellt der Lehrer z.B. das n hinter den Ausschnitt, so entstehen durch Drehen der hinteren Scheibe einzelne Wörter oder Silben, hier also: in, en (bauen); ein, un (unten) etc. Wird ein Mitlaut vor den Ausschnitt gestellt, beispielsweise das h, so entstehen, wenn ich jetzt weiter drehe, die Silben heu (heute), ho (hole), ha (habe), hau (hauen) etc." (Neumann 1904, 730). Verbindungen von Mitlaut und Selbstlaut sind besonders schwer für die Kinder. Dazu sind umfangreiche Übungen vorgesehen.

Werden Silben geübt, sollen die Schüler auch Wörter nennen, in denen die Silben vorkommen. Das k wird beispielsweise in den Ausschnitt gestellt, nachdem es eingeführt worden ist. Die Silben „ki (kikeriki), ke (Kegel), kei (kein), ku (Kuchen), keu (keuchen), ko (Kohle), ka (kam), kau (kaufen), kä (Käse), kö (König), kü (Kühe), käu (Käufer), kai (Kaiser)" entstehen (Neumann 1904, 730). Durch derartige Übungen eines jeden Konsonanten vor allen Vokalen können das Auge, das Ohr und die Sprechorgane des Schülers geschult werden. Selbst in stark besetzten Volksschulklassen ermöglicht die einfache Handhabung der Lesemaschine, daß in kurzer Zeit jeder Schüler zum Lesen von mindestens einer Lautverbindung herangezogen werden kann. Die Schüler mit fehlerhafter Lautbildung sind schnell herausfindbar.

Ist die kleine Schreibschrift erlernt, wird durch Öffnen beider Klappen die kleine Druckschrift in Verbindung mit der Schreibschrift geübt. Der Schüler kann unter dem geschriebenen zugleich den gedruckten Buchstaben sehen und beide miteinander vergleichen. Der Lehrer hat die Möglichkeit, Silben und Wörter unter der Schreibschrift sofort in Druckschrift darzustellen. Darin sieht W. Neumann einen bedeutenden Vorzug gegenüber allen anderen Lesemaschinen. Möchte der Lehrer die kleine Druckschrift gesondert behandeln, öffnet er nur die untere Klappe. Der Erwerb der Lesefertigkeit erfordert vielfältiges Üben, das nach Ansicht von Neumann nicht dem häuslichen Fleiß überlassen werden sollte. Bei vielen Volksschülern ist damit nicht zu rechnen. Hinzu kommt, daß durch Unterrichtsversäumnisse Wissenslücken entstehen, die nur durch wiederholendes Üben ausgeglichen werden können. Auch schwachbegabte und schlecht sprechende Kinder benötigen eine stetige Wiederholung, die ein weitgehendes Zurückgreifen erlaubt. Dazu ist die Roggesche Lesemaschine besonders geeignet. Mit ihr ist es möglich, den Lesestoff vielseitig und interessant darzubieten (vgl. Neumann 1904, 731).

Die Roggesche Lauttafel ist für den Lehrer bestimmt. Auf ihr sind die Selbstlaute und darunter die Mitlaute abgebildet. Die Selbstlaute sind in den Farben Schwarz, Gelb, Rot und Blau abgedruckt, „wodurch die verschiedenen Mundstellungen bezeichnet werden" (Neumann 1904, 731). Schwarz sind die Mitlaute dargestellt, ausgenommen drei (in Grün), die nasal gesprochen werden. Bei den Mitlauten unterscheidet man senkrechte und waagerechte Reihen. Die senkrechten Reihen besagen, wie die Laute gebildet werden, beispielsweise „mit Stimme" oder „weiche Verschlußlösung". Dagegen geben die waagerechten Reihen an, wo die Mitlaute gebildet werden, z.B. „Verschluß mit beiden Lippen" oder „Verschlußenge der untern Lippe mit den obern Zähnen" (Neumann 1904, 731).

Neumann empfiehlt die Roggesche Lauttafel besonders Lehrerinnen und Lehrern der Anfangsklassen, in denen sich viele Schlechtsprecher befinden. Er führt an, daß ungefähr 15 Prozent der Kinder schon mit Sprechfehlern, Stotterer und Stammler, in die Volksschule aufgenommen werden. Will der Lehrer diesen Schülern gerecht werden, muß er Kenntnisse in der Lautlehre haben. Die Lauttafel ist einfach und leicht verständlich. Dem Lehrer erleichtert sie die Vermittlung der Laute und fehlerhaft sprechenden Kindern das Erlernen der richtigen Lautbildung. Nach Ansicht von Neumann (1904, 731) „bedarf ...□die Bildung der Sprechfähigkeit entschieden einer größeren zweckdienlichen Beachtung in den ersten Schuljahren", um eine von Sprechfehlern freie, fließende und wohlklingende Sprache ausbilden zu können. Deshalb sollte die Roggesche Lauttafel schon in der Lehrerausbildung in den Seminarien eingehend behandelt werden.

Die Roggesche Rechenmaschine ist für die Hand des Schülers bestimmt. Sie hat einen platten Holzgriff. Daran ist mit seinen beiden Enden ein Draht befestigt, auf den in einer Ausführung zehn Kugeln und in einer zweiten 20 aufgezogen sind. Bei der Maschine mit zehn Kugeln sind fünf von diesen rot und fünf blau. Bei der mit 20 Kugeln versehenen Rechenmaschine haben jeweils zehn Kugeln die gleiche Farbe (rot, blau). Fünf davon sind hellrot (hellblau) und fünf dunkelrot (dunkelblau) (s. Abb. 7).

Der platte Holzgriff kann mit dem Namen des Schülers beschriftet werden. Werden im ersten Rechenunterricht Steinchen oder Stäbchen benutzt, können diese leicht vom Tisch fallen, die Disziplin stören und die Kontrolle durch den Lehrer sehr erschweren. Eine Rechenmaschine mit 100 Kugeln ist für viele Kinder zu teuer. Überdies werden die Schulanfänger durch die Vielzahl der Kugeln abgelenkt. Dagegen hat die Verwendung der Roggeschen Rechenmaschine Vorteile. Sie ist wesentlich billiger. Die aufgezogenen Kugeln können nicht verlorengehen, und deren Anzahl ist überschaubar. Jedes Kind kann die Rechenoperationen an seiner Maschine ausführen und der Lehrer die Resultate leicht kontrollieren (vgl. Neumann 1904, 732).

Zu Beginn der Rechenstunde nimmt jeder Schulanfänger seine Maschine in die linke Hand. Beim Addieren werden die Kugeln nach oben geschoben. Für den Zahlenraum bis 20, der Rechenmaschine mit 20 Kugeln, gibt Neumann unter anderem folgendes Beispiel an: „Zusammenzählen: 8 + 7 = ? Die Kinder schieben 8 Kugeln in die Höhe und 7 nach. Diese 7 zerlegt sich durch die Farben sofort in 2 + 5, alsdann bildet auch die 8 mit der 2 sogleich die erste 10, dazu 5 = 15" (Neumann 1904, 732). Am Ende seiner Ausführungen schätzt Neumann ein, daß die Roggeschen Hilfsmittel für das erste Schuljahr (Lesemaschine, Lauttafel und Rechenmaschine) geeignet sind, Schülern im Un-

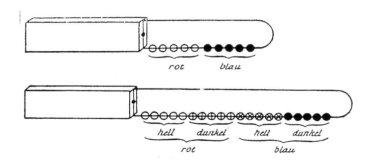

rot   blau

hell   dunkel   hell   dunkel

rot   blau

Abb. 7: Rechenmaschine von P. Rogge

terricht „dauernde Freude am Lernen zu gewähren, den geistig schwachen Kindern, die ihnen schwer werdende Schularbeit soviel wie möglich zu erleichtern und bei allen Schülern die Sprechfertigkeit mehr als bisher zu fördern" (Neumann 1904, 732).

E. Rehs und E. Witt, Lehrerinnen der ersten Königsberger Hilfsschule (1885), sind Autorinnen eines Leselehrganges für Hilfsschulen. In ihrer dazu verfaßten Begleitschrift gehen sie zuerst auf die Hintergründe der Entstehung dieses Lehrwerkes ein. Ausgangspunkt dafür sind Forderungen der Psychologen, Sprachphysiologen sowie Pädagogen nach einer Reform des ersten Leseunterrichts. Bei der bislang angewandten Schreiblesemethode werden die Übung des Gehörs und die Schulung der Sprechwerkzeuge vernachlässigt. Das Augenmerk richtet sich daher besonders auf das erste Lesebuch des Kindes. Die Phonetiker fordern, „daß über die Reihenfolge der Buchstaben in der Fibel nicht wie bisher die Schreibleichtigkeit entscheide, sondern daß die Aufeinanderfolge der Laute von der Schwierigkeit und Kompliziertheit ihrer Bildung und von ihrer leichteren oder schwereren Verschmelzbarkeit mit einander abhängig gemacht werde" (Brüggemann zit. nach Rehs/Witt 1907, 3).

Nach Rehs und Witt müßten diese Grundsätze der Sprachbildung zuerst bei den häufig an Sprachgebrechen leidenden, geistig schwachen Kindern zur Anwendung kommen. Für diese in Hilfsschulen unterrichteten Schüler sind die zahlreich erscheinenden, nach phonetischen Grundsätzen aufgebauten Fibeln zu schwer. Selbst die speziell für die Hilfsschule herausgegebene Fibel von Schiner und Bösbauer „überbrückt nicht genügend die Leseschwierigkeiten", bietet zu wenig Übungsstoff (Rehs/Witt 1907, 4).

Zur Entwicklung ihres Leselehrganges haben die Autorinnen die aktuelle psychologische und sprachphysiologische Literatur studiert. Dazu gehört „Die Seele des Kindes" (1881) von William Thierry Preyer (1841-1897), der von 1869 bis 1888 Professor für Physiologie in Jena und dann bis 1893 Privatdozent in Berlin ist (vgl. Pagel 1989, 1323). Preyer zeichnet die Sprachentwicklung seines Sohnes von der Geburt bis zum dritten Lebensjahr auf und vergleicht diese mit den Erfahrungen anderer Forscher. Seine Aufzeichnungen fließen in den der Verstandes- und Sprachentwicklung gewidmeten dritten Teil seines Buches „Die Seele des Kindes" ein (Preyer 1890, 269-468). Ein zweites von E. Rehs und E. Witt zitiertes Werk sind die „Untersuchungen über die Kindheit" (1897) von James Sully (1842-1923), Professor für Philosophie in London. Es trägt den Untertitel „Psychologische Abhandlungen für Lehrer und gebildete Eltern". Sully wendet sich darin dem Kindergartenalter und den ersten Jahren des Schulalters zu. Im fünften Kapitel „Der kleine Sprachmeister" betrachtet er die Sprachentwicklung (Sully 1897, 124-177). Weitere für Rehs und Witt bedeutsame Veröffentlichungen sind: „Die praktische Anwendung der Sprachphysiologie beim ersten Leseunterricht" (1897) von Hermann Gutzmann sen. und „Das erste Schuljahr" (1899) von Ernst Engel.

Rehs und Witt (vgl. 1907, 4) gliedern die der Hilfsschule Zugewiesenen in zwei Hauptgruppen. Zur ersten Gruppe zählen Kinder, die schon die Volksschule besucht haben. Jene, die schon vorab als pathologisch erkannt worden sind und deshalb keine Aufnahme in anderen Schulen fanden, ordnen sie der zweiten

Gruppe zu. Die zur ersten Gruppe Gehörenden bringen oft einige Vorkenntnisse in der Schreibschrift mit. Sie können die Leseübungen meistens mit der kleinen Druckschrift in der Artikulationsfibel beginnen. Dagegen müssen die Kinder der zweiten Gruppe in einer gesonderten Klasse „durch genaues Hören, scharfes Artikulieren und malendes Zeichnen" – das letzte in Anlehnung an E. Engel – zuerst auf den Schreibleseunterricht vorbereitet werden (Rehs/Witt 1907, 4).

Die Arbeit mit der Artikulationsfibel – erster Teil des Leselehrganges – beginnt, wenn das Ohr im Unterscheiden der Lautklänge geübt ist, die Sprechorgane geschult, das Auge im Auffassen und die Hand im Darstellen der Formen geschickt sind. Die Bezeichnung „Artikulationsfibel" ist bewußt gewählt, da in ihr die Laute nach der Schwierigkeit der Artikulation geordnet sind. Das Kind findet in diesem ersten Lesebuch nicht „tote" Buchstaben vor, sondern einen ihm bekannten Stoff. Das Lesen ist jetzt einerseits ein erneutes Üben der Sprechwerkzeuge. Auf der anderen Seite kommt zum Hören und Sprechen das Sehen und Lesen von gedruckten Laut- und Wortbildern hinzu. Zugleich kann mit dem Abschreiben begonnen werden. Die Frage, wie bei phonetisch geordnetem Stoff die Schreibschwierigkeit genügend berücksichtigt werden kann, entfällt durch die Vorübungen. Das Kind kennt schon alle Buchstabenformen. Es kann somit die Abschreibübungen mit einem beliebigen Buchstaben beginnen. Es ist empfehlenswert, beim Lesen mit den Vokalen anzufangen und die Konsonanten zuerst lediglich im Auslaut lesen zu lassen. Nur so kann man sicher sein, „daß jeder Laut in voller Klarheit ertönt" (Rehs/Witt 1907, 5). Das „Zusammenziehen" von zwei Lauten gelingt auf diese Weise am leichtesten. Die Verbindung der Buchstaben a-m zu einer Silbe bereitet keine Schwierigkeiten. Dagegen machen die Schulanfänger beim Lesen von ma zwischen m und a meistens eine Pause. Bis sich das Kind daran gewöhnt, beide Buchstaben „mit einem Atemzuge" zu lesen, bedarf es längerer Übung (Rehs/Witt, 1907, 5).

Die Artikulationsfibel ist wie folgt aufgebaut. In Teil A wird der Lesestoff in Schreibschrift dargeboten. Nach den einfachen Vokalen **a o u e i** folgen die Konsonanten derart:

„a) die stimmhaften Doppelkonsonanten **m l n s r w j;**
 b) die stimmlosen Doppelkonsonanten **f sch ch**, ihnen voran als Vermittler **h**;
 c) die stimmhaften Stoßlaute **b d g** im Anlaut;
 d) die stimmlosen Stoßlaute **p t**.“

(Rehs/Witt 1907, 5)

Die Lautreihe wird – dem System nach müßte sich der Stoßlaut k und der Doppelkonsonant z anschließen – durch die Umlaute ä, ö, ü und die Doppelvokale au, ei, eu unterbrochen, da sich „aus einer kleinen Verschiebung ein reicherer Übungsstoff ergibt“ (Rehs/Witt 1907, 5). Nach au und ei ist das nur im Auslaut zu verwendende s eingereiht. Zum Einführen dieses Lautes zu einem früheren Zeitpunkt fehlt der Stoff. Im Vergleich zur Schreibschrift ist bei der Druckschrift – Teil B der Artikulationsfibel – die Reihenfolge der Konsonanten etwas anders, um eine weitere Variation des Lesestoffes zu ermöglichen. Besondere Berücksichtigung findet der kurz gesprochene Vokal in Verbindung mit zwei Konsonanten im Auslaut. Zum Einprägen des kurzen Vokals wird empfohlen, die Übungen zuerst senkrecht lesen zu lassen, demnach alf, olf, ilf usw. Umfangreich ist auch der Lesestoff für Übungen mit zwei Konsonanten im Anlaut.

Mit Rücksicht auf die Schüler mit Sprachgebrechen werden in der Artikulationsfibel neben den Wörtern auch sinnlose Silben verwendet. Es sind jedoch nur Lautverbindungen ausgewählt worden, die in der Sprache in irgendeiner Weise vorkommen. Die mechanischen Lese- und Lautübungen unter Verwendung von sinnlosen Silben werden von den Kindern gern ausgeführt. Daneben sind die Autorinnen bemüht, dem Lesestoff auch Gedankeninhalt zu geben. Wörter sind so zusammengestellt, „daß sie den Gedanken andeuten, der in den beigegebenen Situationsbildern zum Ausdruck kommt" (Rehs/Witt 1907, 7). Dadurch sollen die Schüler neue Vorstellungen gewinnen oder die bereits vorhandenen reproduzieren.

Die Lesefibel – zweiter Teil des Leselehrganges von Rehs und Witt – enthält:

„A. Großbuchstaben.
 B. Dehnung.
 C. Schärfung.
 D. Besondere Schreibweisen.
 E. Konsonantenhäufung.
 F. Verknüpfung des Lesens mit der Anschauung."

(Rehs/Witt 1907, 7)

In der Lesefibel sind die Großbuchstaben nach der Schreibleichtigkeit geordnet. In der zweiten und dritten Abteilung des Buches setzen die Übungen zur Dehnung und Schärfung des Vokals ein. In der Lesefibel werden die folgenden phonetischen Schwierigkeiten behandelt: b, d, g im Auslaut; nk, ng, ft, sp; Wörter mit Konsonantenhäufungen und besondere Schreibweisen v, ß, ai. Verbindungen mit hohem Schwierigkeitsgrad und abweichende Schreibweisen sind auch Gegenstand von Teil drei des Leselehrganges, dem Lesebuch. Geübt werden: ch, Ch, x, chs, qu, Qu, ph, Ph, y, Y. Artikulationsübungen sollen auch auf dieser Stufe rege durchgeführt werden. Sie bilden nun die Grundlage für das Diktatschreiben. Die Abschreibübungen treten jetzt in den Hintergrund. Eine größere Sicherheit in der Handhabung der Schriftsprache soll durch das häufige Aufschreiben nach dem Gehör und aus dem Gedächtnis erreicht werden (vgl. Rehs/Witt 1907, 8).

Das Hilfsschulfibelwerk in drei Teilen von E. Rehs und E. Witt – Erstauflage 1907 – erscheint 1926 in der sechsten Auflage. Im gleichen Jahr berät der ostpreußische Hilfsschulverband über die Einführung von neuen Lesebüchern an den Hilfsschulen der Provinz. Der Leselehrgang von Rehs und Witt wird abgelöst durch die von Zausch und Fuchs entwickelte Fibel. Der Verband wählt außerdem das Lesebuch von Griesinger aus (vgl. Die Hilfsschule 1926, 390).

Die vorgestellten Unterrichtsmaterialien von Rogge sowie Rehs und Witt entstehen auf Grundlage langjähriger Unterrichtserfahrungen an der Bürger- und Volksschule auf der einen Seite und der Hilfsschule auf der anderen. Die Schulpraktiker sind darüber hinaus erfahren in der Ausbildung von Kindern mit Sprachgebrechen. Die von Rogge entwickelte Lauttafel unterstützt gerade diese Kinder beim Abbau einer fehlerhaften Lautbildung. Ebenso eignet sich die Roggesche Lesemaschine durch ihre Anschaulichkeit sowie die vielfältigen Übungs- und Wiederholungsmöglichkeiten zum Unterrichten der Kinder mit Sprechfehlern. Die Arbeit mit dem Hilfsschulfibelwerk von Rehs und Witt setzt nach den Vorübungen zur Schulung von Gehör und Sprechwerkzeugen ein. In diesem nach phonetischen Grundsätzen entwickkelten Leselehrgang sind die Schwierigkeiten von Kindern mit Sprachgebrechen auch bei der Auswahl des Lesestoffes bewußt berücksichtigt worden.

3.4 Außerschulische Sprachheilarbeit

Neben der Sprachheilarbeit an Volksschulen und Hilfsschulen in Königsberg und einzelnen mittleren Städten Ostpreußens ist die Förderung sprachkranker Kinder auch in einem Königsberger Heilerziehungsheim belegbar (vgl. dazu oben Kapitel 1.2.3, 38). Es geht vermutlich aus dem 1909 gegründeten privaten Erziehungsheim für schwachsinnige Kinder unter der Leitung von E. Bendziula hervor (vgl. dazu oben Kapitel 3.2, 109). In das Heilerziehungsheim werden zurückgebliebene, schwer erziehbare, nervenkranke sowie sprachleidende Kinder und Jugendliche aufgenommen (vgl. Lehrerzeitung für Ost- und Westpreußen 1920, 164).

Zu den Mitarbeitern des Heilerziehungsheimes gehört Arno Grundig. In den Königsberger Adreßbüchern wird er seit 1915 geführt. Seine Anschrift, Samitter Allee 41/55, ist bis 1926 mit der des Heimes identisch. Nach den Königsberger Adreß- und Einwohnerbüchern unterrichtet A. Grundig (geb. 1875) bis zum Jahr 1937 an Hilfsschulen der Stadt, zunächst an der Diesterwegschule und später an der Franckeschule. Von 1919 bis zu ihrer Auflösung im April 1920 führt Grundig die Hilfsschulklasse an der Krüppelheil- und Lehranstalt für Ostpreußen zu Königsberg (vgl. dazu oben Kapitel 1.2.3, 37). 1920 erscheint in mehreren Ausgaben der Lehrerzeitung für Ost- und Westpreußen ein Inserat zum Königsberger Heilerziehungsheim (vgl. dazu oben Kapitel 1.2.3, 38). Als Ansprechpartnerin ist darin Klara Grundig genannt. K. und A. Grundig sind zuvor langjährig Mitarbeiter im Erziehungsheim und Jugendsanatorium von Johannes Trüper auf der Sophienhöhe bei Jena gewesen. Von A. Grundig sind folgende Publikationen recherchiert. 1918 erscheint in der Reihe „Beiträge zur Kinderforschung und Heilerziehung" seine Arbeit „Die Bedeutung des Bildes im Unterrichte der Schwachen". Herausgeber dieser Beiträge ist Johannes Trüper. 1926 wird der Artikel „Sinn der Erziehung zurückgebliebener Kinder" in der Lehrerzeitung für Ost- und Westpreußen veröffentlicht.

Aus der letztgenannten Publikation von Grundig ist bezüglich des Königsberger Heilerziehungsheimes zu entnehmen, daß bei den während der Kriegs- und Inflationszeit aufgenommenen sprachkranken Kindern in erstaunlich kurzer Zeit Erfolge erzielt werden konnten. Grundig sieht einen engen Zusammenhang zwischen seelischen Hemmungen und dem Auftreten dieser Sprachleiden. Darüber hinaus ist er der Auffassung, daß bei zurückgebliebenen geistesschwachen Kindern keine „abgeschlossenen" Krankheitsbilder vorliegen. Ihre bislang „schlummernden" Anlagen, beispielsweise die Anlage zum Sprechenlernen, können durch erziehliche Einwirkung „geweckt" und zur Entfaltung gebracht werden. Eine besondere Bedeutung mißt Grundig dabei Musik und Gesang, verbunden mit rhythmischen Bewegungen, bei, durch die auch die Atmung vertieft wird (vgl. Grundig 1926, 524-526). Seine Auffassungen gewinnt Grundig aus der langjährigen Arbeit im Trüperschen Erziehungsheim bei Jena (vgl. Grundig 1926, 526). Aus seinen beiden Veröffentlichungen ist nicht entnehmbar, wie im Königsberger Heilerziehungsheim ärztlich und erziehlich auf die Kinder mit Sprachleiden eingewirkt wird. Da Bezüge zu J. Trüpers Heim erkennbar sind, soll im folgenden ein aus dieser Einrichtung mitgeteiltes Fallbeispiel näher betrachtet werden. Es wird 1897 unter dem Titel „Ein Knabe mit Sprechhemmungen auf psychopathischer Grundlage" in der Zeitschrift für Kinderfehler veröffentlicht. Zu deren Herausgebern gehört Johannes Trüper. Er ist zugleich Autor der Falldarstellung, die er so einleitet:

„G.W. ist geboren am 11. April 1887 in Thüringen. Seine Mutter ist gesund, seitens des Vaters ist er erblich belastet. G. ist der jüngste von 6 Geschwistern, die mit Ausnahme des Ältesten körperlich und geistig gesund sind. Dieser litt als Kind häufig an Krämpfen. G.s Geburt war normal. Er machte englische Krankheit, Masern, Mundfäule und Mandelentzündung durch und hatte zeitweise veitstanzähnliche Zuckungen. Er lernte ungefähr mit 2 Jahren gehen und auch sprechen, und zwar gleich relativ gut und richtig. Doch bald darauf traten allerlei abnorme Erscheinungen auf. Meist ruhig, konnte er beim Spielen oft lebhaft erregt werden. Noch mehr aber regte ihn Musik auf. Er sprach niemals mit Fremden, sondern nur mit den Eltern und Geschwistern. Doch auch diesen gegenüber blieb er oft stumm und war dann weder durch Güte noch durch Strenge zum Sprechen zu bewegen. Mit 7 Jahren kam G. in R. in eine Privatschule (‚Vorschule'), die er $2^{1}/_{2}$ Jahr regelmäßig besuchte. Während dieser … Zeit sprach er im Unterricht kein Wort. Er lernte aber schreiben und verfolgte mit dem Griffel das Lesestück in der Fibel, ob mit wirklichem Verständnis konnte der Lehrer nicht feststellen." (Trüper 1897, 138)

Der Knabe G. tritt am 2. September 1896 in das Erziehungsheim auf der Sophienhöhe bei Jena ein. Bei der Aufnahme wird festgestellt, daß seine Größe dem Alter entspricht. Die Gesichtsfarbe ist auffallend blaß. G. schlägt häufig die Augen nieder, wenn er angesprochen wird. Dann wendet sich der Knabe mit „einem merkwürdig ruhigen Blick" dem Sprechenden zu (Trüper 1897, 139). Dabei bewegt er höchstens leise die Lippen, bringt jedoch kein Wort hervor. Mit dem Arzt hat G. bei der Voruntersuchung nicht gesprochen. Auch während der ersten Vorstellung bleibt der Knabe stumm. Erst als sich Trüper mit den Angehörigen unterhält, fällt G. plötzlich seiner Mutter ins Wort. „In der heimatlichen mehr singenden Dialektfarbe, bald etwas lispelnd, bald etwas stotternd, ließ er seine Glossen einfließen und behauptete bald von seinem ältesten Bruder, bald von Soldaten phantastische Dinge; sprach von Überschwemmungen, vom Ertrinken, von Kämpfen etc. in einem verständnislosen Zusammenhange", so Trüper (1897, 139). Nur die ersten nicht aufgeführten Worte des Knaben haben einen Bezug zu dem von der Mutter Gesagten. Wenig später ist G. aber zu keiner sprachlichen Äußerung, auch nicht zum Nachsprechen zu bewegen. Das bleibt zwei Monate lang so. In dieser Zeit hat G. ein lebhaftes Interesse an der Musik. Zweimal wird er vermißt und in dem Raum gefunden, in dem musiziert wird. In praktischen Dingen zeigt der Knabe viel Geschick. Am Tage ist er öfter „unreinlich" (Trüper 1897, 139).

Theodor Ziehen (1862-1950) ist in der Zeit von 1890 bis 1900 Privatdozent in Jena sowie Berater und behandelnder Nervenarzt für das Trüpersche Erziehungsheim (vgl. Trüper 1911, 49). Ziehen verordnet G. „überschüssige Ernährung und täglich einen Theelöffel Roncegnowasser abwechselnd mit einem Theelöffel Phosphoröl; täglich ein prolongiertes Bad von 26-30°, erst von 1/2 stündiger, dann von 3/4 stündiger Dauer" (Trüper 1897, 140). Des weiteren rät er, dem Knaben nicht zum Sprechen zuzureden und ihn ausgiebig zu beschäftigen. Trüper (1911, 44) bemerkt zur ärztlichen Tätigkeit im Heim, daß deren Schwerpunkt in der „vorbeugenden Beratung" liegt. Ist die Anwendung von Medikamenten nötig, werden natürliche Kräftigungs- und Heilmittel bevorzugt. Auf eine vorbeugende, kräftigende und heilende Ernährung wird besonders Wert gelegt. Sie muß sich nach der individuellen Ernährungsbedürftigkeit der Zöglinge richten. Die ärztlichen Verordnungen sind dabei maßgebend. Es werden Ernährungskuren durchgeführt. Schwächliche Kinder erhalten alle zwei Stunden Nahrung. Zur besonderen Heilpflege zählen: Massage, Heilgymnastik, Luft- und Sonnenbäder, warme und kühle Abreibungen und Waschungen, Solbäder, Kohlensäurebäder u.a. (vgl. Trüper 1911, 39-51).

G. beginnt eine Woche nach Aufnahme in Trüpers Heim spontan im Flüsterton zu sprechen. Zuerst geschieht das nach dem Zubettgehen, wenn es schon dunkelt oder die Pflegerin nicht in der Nähe ist. G. flüstert, obwohl den Zöglingen das Sprechen nach dem Nachtgebet untersagt ist. Sein Flüstern ist so deutlich, daß es auch in großer Entfernung noch vernehmbar ist. Sodann spricht er in einer Spielsituation mit seinem Kameraden im Flüsterton. Im November bekommt der Knabe eine Halsentzündung mit Fieber. In der Phase der Besserung stimmt er eines Tages spontan in den Gesang des mit ihm im Zimmer liegenden Zöglings ein. Von da an spricht er auch laut mit ihm. G. verstummt jedoch sofort, wenn ein Erwachsener das Zimmer betritt. Mit der Pflegerin fängt er an zu flüstern. Nach dem Abklingen der Angina beginnt er allmählich, auch Erwachsenen laut zu antworten, verhält sich den einzelnen Personen gegenüber aber verschieden. Am längsten hält sein Schweigen im Unterricht an. Er führt Tätigkeiten wie das Zeichnen, Schreiben und Turnen mit Fleiß aus, bleibt jedoch stumm. Nach etwa zwei Monaten beginnt der Knabe, im Unterricht laut zu singen und zu sprechen. Zuvor hatte er sich bereits am Chorgesang beteiligt. Sein Gesundheitszustand verbessert sich. Die täglichen Bäder werden zunächst auf drei pro Woche reduziert. Das Körpergewicht von G. nimmt von 52 Pfund im September 1896 auf 59 Pfund im Februar 1897 zu.

Schlaf und Verdauung normalisieren sich. G. ist es nun erlaubt, auch an den Gymnastikstunden teilzunehmen. Kopfbewegungen soll er vermeiden. Überdies verändert sich das psychische Verhalten. G. spricht jetzt fließend. Hemmungen treten aber noch auf. Besonders im Unterricht ist er gelegentlich nicht zur Antwort zu bewegen. Große Mühe bereitet es G., eine Erzählung richtig aufzufassen sowie wiederzugeben. Ihm fehlt eine klare Vorstellung der Zeiteinteilung. Zuweilen stottert G. „Er setzt dann zum Sprechen oder Singen an und schluckt mehrmals, bis er ein Wort herausbringt" (Trüper 1897, 142). Seine Schüchternheit kann G. meistens überwinden und auch gegenüber Fremden mitteilsam und vertrauensvoll sein. Ein Besuch über mehrere Tage bei den Eltern wirkt sich nicht nachteilig auf den Knaben aus. Singen kann er jedoch zu Hause nicht, auch nicht „bei seiner Rückkehr vor der Mutter. Doch als er mit einem Freunde hinter die halbgeöffnete Thür ins Nebenzimmer gestellt wurde, da wich die Hemmung und dann ging es auch in Gegenwart der Mutter" (Trüper 1897, 142).

In den Sommerferien ist G. vier Wochen zu Hause, erleidet jedoch einen Rückfall. Er nimmt zwei Pfund ab, sieht blaß aus, „faselt" und stottert. Auch geistig wird der Knabe träge, müde und langsam. Seine Mutter sieht bereits vor Ablauf des Monats ein, daß sie ihren Sohn schnell in das Heim zurückbringen muß. Die sozialen Verhältnisse sowie die Sorge um das Wohl von G. hätten, so Trüper, zumindest eine körperliche Kräftigung des Knaben während der Ferien erwarten lassen. Vier Wochen nach Rückkehr in das Erziehungsheim erholt sich G. langsam. Trüper ist der Auffassung, daß die psychopathischen Hemmungen noch mehr abgebaut werden können und der Knabe im Lauf der Zeit immer weniger von einem normalen Kind unterscheidbar sein wird, wenn seine körperliche und geistige Entwicklung weiterhin so fortschreitet wie bisher (vgl. Trüper 1897, 143). 1898 geht Trüper in einer Schrift über das Heim auf G. folgendermaßen ein: „Seine Sprechhemmung ist jetzt vollständig beseitigt und er entwickelt sich nun geistig sehr günstig und wird nach und nach fachweise in die erste Klasse übergeführt werden, nachdem er im vorigen Jahr aus der dritten Klasse auf dieselbe Weise in die zweite gewachsen ist" (Trüper 1898, 12).

Trüper bemerkt zu der schulischen Ausbildung der Zöglinge im Heim, daß ein Fortschreiten gemäß der individuellen Leistungsfähigkeit möglich ist, weil „die Lehrstoffe und Lehrstunden in den einzelnen Klassen parallel laufen und kleinere Lücken durch Einzelunterricht ausgefüllt werden" (Trüper 1898, 12). 1898 gibt es eine vierte Klasse („Kindergartenklasse") mit drei Schülern, eine aus fünf Zöglingen im Alter ab sieben Jahren bestehende dritte Klasse, eine zweite Klasse mit sieben Kindern im Alter von neun bis 14 Jahren sowie eine zwei Mädchen und sieben Knaben im Alter von zehn bis 14 Jahren umfassende erste Klasse. „Unsere Zöglinge sind nicht für die Erfüllung von Lehrplänen da …, sondern die Lehrplanziele haben sich bei uns der seelischen und leiblichen Leistungsfähigkeit der Zöglinge anzupassen", so Trüper (1898, 11).

Den Organismus der inzwischen auf sieben Haupt- und drei Nebenklassen angewachsenen Schule im Heim stellt Trüper 1911 in seiner Schrift „Das Erziehungsheim und Jugendsanatorium auf der Sophienhöhe bei Jena und seine Beziehungen zu den Unterrichts- und Erziehungsfragen der Gegenwart" ausführlich dar. Die untersten Klassen sind danach dem Kindergarten einerseits und der Hilfsschule andererseits verwandt. Hier liegen die Schwerpunkte der Arbeit in der Elementarerziehung (z.B. Essen, Trinken, An- und Auskleiden, Verrichten der Bedürfnisse, aufmerksames Hören und Sehen), in der Gymnastik (u.a. Dalcrozesche Musikspiele), in der Handarbeit (z.B. Arbeit mit Papier, Ton und Holz; Malen, Zeichnen, Rohrflechten) und in der Gartenarbeit. Auf dieser Basis geht man allmählich zu den Schulfächern über. In den mittleren Klassen nähern sich die Ziele und Methoden den der Vorschulen, Bürgerschulen und (preußischen) Mittelschulen „immer unter Betonung des Arbeitsunterrichts und unter Zurückdrängung von jeglichem Verbalismus" (Trüper 1911, 118-119). In den oberen Klassen lehnt man sich an die Realschule an, da diese Schulart am besten auf die Berufsausbildung vorbereitet und durch das Hervorheben der realen Lehrgegenstände einen „naturgemäßeren, für nervenzarte Kinder heilbringenderen Unterricht" ermöglicht (Trüper 1911, 122).

Das Erziehungsheim auf der Sophienhöhe bei Jena „für entwicklungsgeschädigte und -gestörte Kinder" ist 1890 entstanden (H. Trüper/I. Trüper 1978, 14). Begründer ist Johannes Trüper, der zuvor langjährig als Volksschullehrer in Stade, Emden sowie Bremen unterrichtet und 1887 ein Studium in Jena aufnimmt, das er sich durch Mitarbeit in der von Wilhelm Rein (1847-1929) geleiteten Universitätsübungsschule und dem angeschlossenen Seminar finanziert. Ein Impuls für die Heimgründung ist Trüpers mehrwöchige Beobachtung eines „schwer gestörten, intellektuell begabten Jungen" auf Bitte des Professors für Psychiatrie Otto Binswanger (1852-1929), der später einer der ärztlichen Berater des Heims ist (H. Trüper/I. Trüper 1978, 14). Das Erziehungsheim leitet J. Trüper bis zu seinem Tod 1921. Es übersteht die Zeit des Nationalsozialismus. Im Dezember 1955 wird es zwangsverstaatlicht. „Für uns war damit eine Weiterarbeit unmöglich", so die Kinder von J. Trüper rückblickend (H. Trüper/I. Trüper 1978, 44).

Das Erziehungsheim auf der Sophienhöhe bei Jena pflegt mit zahlreichen Reformpädagogen rege Kontakte, z.B. mit Hermann Lietz (1868-1919), Paul Geheeb (1870-1961), Peter Petersen (1884-1952), Karl Wilker (1885-1980), Adolf Reichwein (1888-1944) (vgl. Hillenbrand 1994, 72-74). Es wird von namhaften Medizinern, neben den Psychiatern T. Ziehen und O. Binswanger auch durch den Professor für Kinderheilkunde an der Universität von Jena Jussuf Ibrahim (1877-1953) und vielen anderen, beraten und begleitet (vgl. H. Trüper/I. Trüper 1978, 15 u. 39).

Von dem Trüperschen Erziehungsheim gehen viele Impulse und Initiativen aus. Beispielhaft dafür ist das Heilerziehungsheim im ostpreußischen Königsberg. Es lehnt sich konzeptionell an

Trüpers Heim an. Das ist erkennbar an der Auswahl aufzunehmender Zöglinge, neben zurückgebliebenen und schwer erziehbaren auch nervenkranke Kinder und Jugendliche mit Sprachleiden. Wie im Erziehungsheim auf der Sophienhöhe werden die in das Königsberger Heilerziehungsheim aufgenommenen Zöglinge nerven- und kinderärztlich beobachtet und behandelt sowie in kleinen Gruppen unterrichtet. Den Unterricht erteilen hier Taubstummenlehrer und Hilfsschullehrkräfte. Die Schüler von höheren Schulen werden in besonderen Kursen unterrichtet.

In der Hauptstadt und einzigen Großstadt der Provinz Ostpreußen, Königsberg, werden Kinder mit Sprachgebrechen somit nicht nur in Sprachheilkursen an Volksschulen, speziellen Sprechheilstunden an den Hilfsschulen und durch Privatunterricht gefördert, sondern auch in einem privaten Heilerziehungsheim unter ärztlich-pädagogischer Leitung.

4. Zur Lehrerbildung

Im folgenden werden die recherchierten Angaben zur Aus- und Fortbildung der ostpreußischen Lehrer dokumentiert. In die Darstellung sind auch Informationen zu Kursen für Geistliche und Ärzte einbezogen. Die Lehrkurse von P. Rogge und R. Kafemann in Königsberg zur Unterweisung der Lehrer in der Behandlung von Kindern mit Sprachgebrechen (Stottern, Stammeln) sind bereits dokumentiert (vgl. dazu oben Kapitel 3.1, 88 u. 96-101).

Am Ende des 19. Jahrhunderts wird von der Kirche ein reges Interesse für die Taubstummenfürsorge gezeigt. In einer Denkschrift des evangelischen Kirchenrates an die preußische Generalsynode aus dem Jahr 1891 werden Versuche als erfolgreich bezeichnet, jüngere Geistliche durch mehrwöchige Informationskurse an einzelnen Taubstummenanstalten zur Abhaltung von Gottesdiensten für erwachsene Taubstumme zu befähigen. Auch 1893 beteiligen sich drei Geistliche an einem solchen Kurs in der

Taubstummenanstalt in Königsberg (vgl. Verwaltungsbericht Provinzialverband 1893, 42). Ein Lehrgang zur Ausbildung von Geistlichen in der Seelsorge für erwachsene Taubstumme wird auf Ersuchen des Königlichen Konsistoriums vom 7. bis 30. Juni 1911 an der Königsberger Provinzial-Taubstummenanstalt abgehalten (vgl. Verwaltungsbericht Provinzialverband 1911, 59).

Krafft (vgl. 1918, 95-121) stellt in seiner Festschrift auch die Entwicklung der Königsberger Taubstummenanstalt zur „Taubstummen-Lehrer-Bildungsanstalt" dar, deren Anfänge er mit 1818 angibt. Unter den ausgebildeten Lehrern sind Anstaltszöglinge. Ein Beispiel dafür ist Eduard Löper (1805-1829). Durch ein Nervenfieber ertaubt er. Im neunten Lebensjahr wird er mit fast völligem Sprachverlust 14jährig in die Königsberger Taubstummenanstalt aufgenommen. Bereits 1823 erhält er nach abgelegter Prüfung das Reifezeugnis als Elementarlehrer. Ab 1824 ist er Lehrer einer dritten Klasse. Löper hat sich „insonderheit durch seinen Unterricht in den Elementen der Muttersprache (Gebärdensprache) und durch die von ihm selbst, einem recht tüchtigen Zeichner, entworfenen und gleichzeitig ausgeführten Bilder zur anschaulichen Begriffsentwicklung … unentbehrlich gemacht" (Krafft 1918, 134). Er stirbt als Zeichen- und Hilfslehrer der Königsberger Taubstummenanstalt 1829.

Durch den Minister der geistlichen, Unterrichts- und Medizinal-Angelegenheiten sind an der Königlichen Taubstummenschule zu Berlin 1901 besondere Kurse für die an Taubstummenanstalten tätigen Ärzte eingerichtet worden. In Vorträgen, Demonstrationen und Übungen werden ihnen die zur Untersuchung und Behandlung taubstummer Kinder erforderlichen Kenntnisse und Fertigkeiten vermittelt. Ferner werden sie mit den Aufgaben und Methoden der Taubstummenerziehung und schulärztlichen Fragen bekannt gemacht. Aus Königsberg nimmt der Arzt Paul Kuhn an einem dieser Kurse teil (vgl. Verwaltungsbericht Provinzialverband 1901, 26). Im Jahr 1910 sind an der Klinik und Poliklinik für Ohrenkrankheiten der Albertus-Universität zu Königsberg Fortbildungskurse für praktische Ärzte sowie für Taubstummenlehrer eingerichtet worden (vgl. Chronik 1910, 57-58). Ab 1912 nehmen die Taubstummenlehrer der Provinz Westpreußen daran teil (vgl. Chronik 1913, 47-48).

Der Vorlesungs- und Vortragsplan zur Ausbildung der Taubstummenhilfslehrer an der Provinzial-Taubstummenanstalt zu Königsberg (1910) enthält u.a. folgende Bestandteile:

„I. Anatomie und Physiologie der Sprachorgane (zweijähriger Kursus):
  a) der Sprachauffassungsorgane des Vollsinnigen und des Taubstummen, nämlich:
    1. des Ohres,
    2. des Auges,
    3. des Tastsinns,
    4. des Zentralorgans der Sprache, des Gehirns,
  b) der Sprechorgane,
    Lunge, Kehlkopf, Mund, Nasen- und Rachenhöhle mit ihren Sprechorganen.
II. Sprachphysiologie: (einjähriger Kursus)
  a) Allgemeine Sprachentwicklungslehre,
  b) Die Sprachentwicklung des vollsinnigen Kindes (Kinderpsychologie),
  c) Die Sprachentwicklung des taubstummen Kindes, (Psychologie der Gebärdensprache und der künstlich erzeugten Lautsprache),
  d) Die grundlegende Einführung in die Pathologie der Sprache.
III. Methodik des Taubstummenunterrichts: (zweijähriger Kursus)
  a) Spezielle Lautbildungslehre (Phonetik),
  b) Methodik des Artikulationsunterrichts,
  c) Methodik des Sprachunterrichts …"

(Krafft 1918, 114-115)

Die Anatomie und Physiologie der „Sinnes- und Sprachwerkzeuge, die Psycho-Physiologie der Sprachfunktion" sowie die wichtigsten nicht näher aufgeführten Sprachstörungen sind auch Bestandteil der Prüfungsordnung für Lehrer und Lehrerinnen an Taubstummenanstalten (1911), die am 1. April 1912 in Kraft tritt (Prüfungsordnung Lehrer Taubstummenanstalten 1918, 115). In der „Prüfungsordnung für Direktoren und Direktorinnen an Taubstummenanstalten" von 1911 (Krafft 1918, 118) heißt es: „Die mündliche Prüfung verbreitet sich über das ganze Gebiet der Erziehung und der Unterrichtslehre, im Zusammenhang mit der Psychologie. Der Bewerber hat zu zeigen, daß er auch die für den Taubstummenunterricht und die Leitung einer Taubstummenschule unentbehrliche Bekanntschaft mit den Zweigwissenschaften der Psychologie, der Kinderpsychologie, Psychopathologie und Sprachphysiologie, mit den Sprachstörungen und den Methoden ihrer Behandlung und Heilung, mit der Anatomie und Physiologie der Sinnes- und Sprachwerkzeuge und mit der Phonetik besitzt." Die Taubstummenlehrerausbildung in Preußen wird mit den beiden genannten Prüfungsordnungen einen entscheidenden Schritt vorwärts gebracht. Daraufhin werden an der Königsberger Taubstummenanstalt bis 1915 besondere Ausbildungskurse abgehalten. Infolge des Ersten Weltkrieges ist die Ausbildungstätigkeit unterbrochen (vgl. Krafft 1918, 119).

Die erste Hilfsschullehrerprüfung für Ostpreußen findet vom 12. bis 16. Oktober 1918 in Königsberg statt. Zu den mündlichen Prüfungsaufgaben gehören: „Welche Sinnesorgane sind von Bedeutung, um Sprechen und Lesen zuwege zu bringen?", „die Bedeutung des Tastsinns, der die jeweilige Lage der einzelnen Organe bei der Bildung der verschiedenen Laute zum Bewußtsein bringt", Sprachstörungen, ihre Ursachen und Behandlung, Schwerhörigkeit und deren Einfluß auf die geistige Entwicklung (Die Hilfsschule 1918, 68).

Nach der im Jahr 1919 erlassenen Verordnung des Ministers für Wissenschaft, Kunst und Volksbildung „betreffend Zulassung von Volksschul-(Mittelschul-)lehrern und -lehrerinnen zum Studium an den preußischen Universitäten" werden alle „Lehrer und Lehrerinnen, die im ganzen mindestens zwei Jahre im Schuldienste gestanden haben, ... auf ihren Antrag an den preußischen Universitäten und anderen Hochschulen als Studierende immatrikuliert und nach einem Studium von wenigstens sechs Halbjahren zwecks Abschlusses pädagogischer Studien zur Prüfung in Philosophie und Pädagogik ... für das Lehramt an höheren Schulen vom 28. Juli 1917 zugelassen, ..." (Universitätsstudium 1919, 483). Im Jahr 1921 erscheint in der Lehrerzeitung für Ost- und Westpreußen ein Aufruf an alle Lehrenden Ostpreußens zur Begründung eines Institutes für experimentelle Psychologie und Pädagogik. Darin werden zunächst einige Mißstände aufgezeigt, die die Lehrerbildung betreffen. Demnach ist die experimentelle Pädagogik als Wissenschaft in ihrer Entwicklung weit hinter der experimentellen Psychologie zurückgeblieben. Deshalb haben ihre Erfolge noch viel zuwenig Einfluß auf Erziehung und Unterricht. Als Ursachen werden angeführt: Mängel in der pädagogischen Vorbildung, die stete Konzentration auf die Lehrerarbeit und fehlende Gelegenheiten des Studiums der Pädagogik. Dieser Zustand wird sich nicht ändern, solange die Lehrerschaft auf Abhilfe durch den Staat hofft. Die Zulassung der Volksschullehrer zum Universitätsstudium wird „die Anwendung der Ergebnisse der exakten Psychologie auf die Erziehung deshalb vorläufig nicht fördern können, weil nur sehr wenige preußische Universitäten pädagogische Lehrstühle unterhalten, geschweige denn pädagogische Institute einrichten" (Begründung 1921, 327). In Königsberg gibt es beides bisher nicht. Selbst nach der möglichen Begründung eines Lehrstuhls für Pädagogik an der Albertina wird, so die Verfasser des Aufrufes, nicht mit der Einrichtung eines pädagogischen Institutes gerechnet. Sie schlagen daher die Gründung einer „Pädagogischen Interessengemeinschaft Ostpreußen" vor, die sich die Einrichtung eines Institutes für experimentelle Psychologie und Pädagogik nach dem Vorbild des Leipziger Institutes – gegründet 1906 durch den dortigen Lehrerverein – zur besonderen Aufgabe machen wird (vgl. Begründung 1921, 327).

Dieses Institut soll eine Lehr-, Forschungs- und sozialpädagogische Anstalt werden, die selbständig unter Leitung der ostpreußischen Lehrerschaft arbeitet, aber enge Arbeitsbeziehungen zur Universität und zu den Lehrerinnen- und Lehrerbildungsanstalten aufrechterhält. Seine erste Aufgabe, Lehranstalt zu sein, wird dieses Institut erfüllen durch: Schaffung von Studienmöglichkeiten in der experimentellen Pädagogik und Psychologie sowie ihren Hilfswissenschaften für alle Lehrerinnen und Lehrer (die Dozenten werden von der Lehrerschaft und der Universität gestellt), kürzere Einführungskurse in die experimentelle Psychologie und Pädagogik, Veröffentlichung seiner Forschungsarbeiten, Begründung einer pädagogischen Bibliothek. Unterzeichner des Aufrufs zur Begründung des Instituts für experimentelle Psychologie und Pädagogik in Ostpreußen ist ein aus zwölf Lehrerinnen und Lehrern bestehender vorbereitender Ausschuß (vgl. Begründung 1921, 328).

1922 stellt Simoneit (vgl. 1922, 467) den an der Albertina neugegründeten Lehrstuhl für Pädagogik vor, der durch intensive Bemühungen der Vereinigung studierender Lehrer mit Unterstützung des Königsberger Lehrervereins, des Provinzial-Lehrervereins und der Ordinarien für Philosophie Ach und Goedeckemeyer entstanden ist. Das Ministerium für Wissenschaft, Kunst und Volksbildung hatte die Vorschläge aus Königsberg zunächst mit der Begründung abgelehnt, daß ein Lehrstuhl für Pädagogik erst für ganz Preußen notwendig sei und in Göttingen gegründet werden solle. Aufgrund der nicht nachlassenden Bitten der Königsberger Lehrerschaft lenkt es jedoch ein und Professor Dr. med. et phil. F. E. Otto Schultze nimmt den Ruf, das Ordinariat für Pädagogik in Königsberg zu übernehmen, an (vgl. Simoneit 1922, 467).

Schultze, zuvor Lehrerbildner in Buenos Aires und im Anschluß mit einem Lehrauftrag als außerordentlicher Professor in Frankfurt/Main, ist „der naturwissenschaftlichen und der philosophischen Pädagogik kundig und steht als Pädagoge auf psychologischer Basis. Er ist Schüler oder Assistent bei Lipps, Wundt, Marbe und Külpe gewesen" (Simoneit 1922, 467). Für sein erstes Wintersemester an der Albertina hat er neben einem dreistündigen Kolleg „Anleitung zur Menschenkenntnis für Pädagogen" und pädagogischen Übungen ein Praktikum in Königsberger Schulen angekündigt. Vermutlich im Rahmen des letzteren hat er mit seinen Studenten auch in einer Artikulationsklasse der Königsberger Taubstummenanstalt hospitiert (vgl. dazu oben 1.2.2, 30). Nach Simoneit (1922, 467) ist das Spezialgebiet von Schultze die „Pädagogik der Minderbegabten". Gleich zu Beginn seiner Arbeit in Königsberg nimmt er Kontakt zu der „Pädagogischen Interessengemeinschaft Ostpreußen" auf. Aus der Psychologisch-Pädagogischen Abteilung des Philosophischen Seminars der Universität Königsberg unter Leitung von Professor Dr. F. E. Otto Schultze wird die Dissertation von P. Naffin über „Das soziale Verhalten taubstummer Schulkinder" (1933) hervorgehen (vgl. dazu oben 1.2.2, 31).

Von Schultze sind bislang folgende Publikationen recherchiert: Anleitung zur Menschenkenntnis (1923); Grundlegung der Pädagogik als einer diagnostisch-therapeutischen Wertwissenschaft, Teil I: Empirische Phänomenologie des Unterrichtes (1926) u. Teil II: Grundbegriffe der Allgemeinen Pädagogik (1929); Vorbereitung und Kritik des Unterrichtes (1927); Das akademische Studium des Lehrers und Erziehers (1928).

1921 wird in der Provinzhauptstadt Ostpreußens eine Hilfsschullehrerprüfung durchgeführt. Der Prüfungskommission gehören an: Prof. Dr. Ach (Allgemeine Psychologie, Kinderpsychologie und Psychopathologie), Hilfsschullehrer Ruhnau (Methodik des Hilfsschulwesens), Hilfsschulrektor Sengstock (Geschichte des Hilfsschulwesens, …), Privatdozent Kaftan (Psychiatrie, Physiologie des Nervensystems und Gehirns, Sprachgebrechen und Sprachheilung). Die Prüfungslektionen werden an der Diesterwegschule gehalten.

Im April 1922 findet in Königsberg wieder eine Prüfung für Lehrerinnen und Lehrer an Hilfsschulen statt. Die mündliche Prüfung erstreckt sich u.a. über folgende Fächer: „1. Allgemeine und experimentelle Psychologie nebst Logik, Ethik und Aesthetik. 2. Allgemeine und spezielle Psychopathologie. 3. Kinderpsychologie. 4. Bau und Funktionen der Sinnesorgane. 5. Gesundes und krankes Gehirn und Nervensystem. 6. Psychophysiologie der Sprachfunktion. 7. Die wichtigsten Sprachstörungen und die Methoden ihrer Behandlung und Heilung …" (vgl. Hilfsschullehrerprüfung 1922, 312). 1922 wird in Königsberg eine Heilpädagogische Woche durchgeführt, an der sich auch Pädagogen und Mediziner aus Berlin mit Vorträgen beteiligen, z.B. Kreisschulrat Arno Fuchs, Rektor Raatz und Hauptlehrer Koch (vgl. Heilpädagogische Woche 1922, 431).

Im März 1922 wird die Zweigstelle Königsberg des Berliner Seminars für Sprechkunde (Phoniatrisches Seminar) gegründet. Die von der Schulabteilung der Stadt ein Jahr zuvor veranstalteten Stimmbildungskurse für Lehrer und Lehrerinnen unter Leitung des Stimmbildners und Gesangspädagogen Paul Heidecker erfahren darin ihre Fortsetzung und Erweiterung (vgl. Zweigstelle 1922, 243 u. 549).

Das SEMINAR FÜR SPRECHKUNDE in Königsberg dient:
„den Lehrern an deutschen Schulen jeder Gattung, außerdem auch den Angehörigen anderer Berufe (z.B. Theologen), die Stimme und Sprache als Werkzeug ihrer Tätigkeit anwenden. Das Seminar in seiner Gesamtheit bildet ein Ganzes. Es vermittelt den Vollteilnehmern theoretische Kenntnis der wesentlichen physiologischen, pädagogischen und künstlerischen Probleme des Sprechens, praktische Übung und Einführung in die zugehörige Heilpädagogik. Die einzelnen Lehrgänge sind jedoch insoweit selbständig, als jeder ein abgeschlossenes Gebiet behandelt. Sie können darum auch für sich oder in beliebiger Zusammenstellung be-

legt werden und geben Gasthörern Gelegenheit, sich nur mit einzelnen ihnen wichtigen Sonderfragen zu befassen. Über den Besuch des Seminars wird vom Leiter eine Bescheinigung ausgestellt." (Zweigstelle 1922, 243)

Leiter des Königsberger Seminars für Sprechkunde ist der Studienrat Charles Étienne. Von Februar bis April 1922 finden folgende Vorlesungen und Übungen statt: „1. Vorlesungen über Physiologie und Hygiene der Stimme und Sprache von Privatdozent Dr. Sokolowsky von der akustisch-phonetischen Abteilung der hiesigen Universitäts-, Ohren- und Halsklinik. Montag, 6-7 Uhr nachmittags. 2. Praktische Uebung in Atemgymnastik und hygienisch-technisch richtigem Sprechen, Korrektur verbildeter überanstrengter, leicht ermüdender Sprechstimmen von Paul Heidecker, Lehrer für Stimmbildung, in verschiedene Kurse eingeteilt. 3. Uebungen im Vortrag deutscher Gedichte. Das innere Erlebnis und seine sprachliche Gestaltung. Stimmung und Rhythmus. Seelische Ein- und Umstellung. Gedankenaustausch über Kritik und Anweisung. Wege und Ziele der Durchnahme von Gedichten im Deutschunterricht. Von Studienrat Étienne. Sonnabend, 5 bis 7 Uhr nachmittags" (Zweigstelle 1922, 243).

Im Winter 1922 finden erneut Kurse am Königsberger Seminar für Sprechkunde statt. Neu hinzugekommen sind Übungen im Vortrag deutscher Prosa und die Kunstlehre der redenden Künste (Allgemeine Richtlinien der Sprecherziehung) (vgl. Zweigstelle 1922, 549). Dieses Seminar ist Zweigstelle des Seminars für Sprechkunde am Zentralinstitut für Erziehung und Unterricht in Berlin (Potsdamer Straße 120), das seit 1915 besteht. Zu den Vorlesungen, Übungsreihen, Lehrgängen und Tagungen des Berliner Zentralinstituts zählen im Zeitraum von 1919 bis 1925 u.a. Lehrgang für Sprechen, Reden, Vortragen (29. Sept. bis 20. Dez. 1919), Seminar für Berufssprecher (4. Okt. bis 22. Dez. 1920), Seminar für Sprechkunde (3. Okt. bis 22. Dez. 1920), Lehrgang über Stottern, Stammeln und Stimmstörungen in der

Schule (19. bis 24. Juni 1922), Seminar für Sprechkunde (2. Okt. bis 20. Dez. 1922), Lehrgang für Sprechtechnik (6. Nov. 1924 bis 23. Januar 1925) sowie Übungen im Vortrag deutscher Dichtungen und Prosa (30. Okt. 1924 bis 20. Februar 1925). Ferner lassen sich zahlreiche Vorträge, Vortragsreihen und wissenschaftliche Vorlesungen am Berliner Institut belegen (vgl. Zentralinstitut 1925, 109-113 u. 160). Zu den Dozenten, die u.a. am Zentralinstitut in Berlin lehren, gehören: Erich Drach (1885-1935), Lektor der Vortragskunst an der Universität Berlin; Hans Lebede (1883-1945), Studienrat und von 1925 bis 1933 Leiter des Seminars für Sprechkunde am Berliner Zentralinstitut; Wilhelm Leyhausen (1887-1953), Lektor für Sprechkunde, danach a.o. Professor für Sprecherziehung und Vortragskunst und anschließend Professor mit vollem Lehrauftrag für Rhetorik an der Universität Berlin und viele andere (vgl. Geissner 1997, 78, 126 u. 168).

In den zwanziger und dreißiger Jahren erscheinen in der Lehrerzeitung für Ost- und Westpreußen eine Vielzahl von Beiträgen zu sprechkundlichen Themen, z.B. folgende Artikel des Königsberger Stimmbildners Curt Brache: Die Stimme als Berufswerkzeug (1930), Die Hygiene der Stimme (1930), Die Stimmschulung als Mittel zum Erlebnis der deutschen Sprache (1932) sowie Das Erwachen von Sprache und Geist beim Kinde (1932).

Wie dargestellt, nehmen am Ende des 19. Jahrhunderts und zu Beginn des 20. Jahrhunderts Lehrer, Geistliche sowie Ärzte an Aus- und Fortbildungskursen zur Taubstummenbildung und -fürsorge teil. Taubstummenlehrer bilden sich auf medizinischem Gebiet fort (an der Universitätsohrenklinik in Königsberg), Geistliche besuchen Lehrgänge zum Erlernen der Gebärdensprache sowie zur Taubstummenseelsorge (an der Taubstummenanstalt in Königsberg), und an Taubstummenanstalten tätige Ärzte werden in Kursen sowohl in der medizinischen Behandlung als auch in den Aufgaben und Methoden der Taubstummenpädagogik geschult (an der Königlichen Taubstummenschule zu Berlin).

Taubstummenanstaltszöglinge werden an der Königsberger Taubstummenanstalt zu Lehrern ausgebildet und sind im Anschluß dort tätig (z.B. Eduard Löper).

Der Ausbildungsplan für Taubstummenhilfslehrer der Provinzial-Taubstummenanstalt zu Königsberg (1910), die Prüfungsordnung für Lehrer und Lehrerinnen an Taubstummenanstalten (1911) sowie die Prüfungsordnung für Direktoren und Direktorinnen an Taubstummenanstalten (1911) verlangen fundierte Kenntnisse in der Sprachphysiologie und Sprachpathologie, in den Sprachstörungen und ihrer Behandlung.

Fester Bestandteil der Hilfsschullehrerprüfungen in Ostpreußen sind Aufgaben zu den wichtigsten Sprachstörungen und den Methoden zu ihrer Behandlung sowie zur Psychophysiologie der Sprachfunktion.

Anfang des 20. Jahrhunderts schließt sich die ostpreußische Lehrerschaft zur „Pädagogischen Interessengemeinschaft Ostpreußen" zusammen, bereitet die Gründung eines „Instituts für experimentelle Psychologie und Pädagogik" nach dem Vorbild des Leipziger Institutes (1906) vor und erwirkt 1922 die Gründung eines Lehrstuhls für Pädagogik an der Albertina.

Professor für Pädagogik und somit Leiter der Psychologisch-Pädagogischen Abteilung des Philosophischen Seminars der Albertus-Universität zu Königsberg wird F. E. Otto Schultze. Sein Spezialgebiet ist die Pädagogik der Minderbegabten.

1922 wird die Zweigstelle Königsberg des am Berliner Zentralinstitut für Erziehung und Unterricht eingerichteten Seminars für Sprechkunde gegründet. Zielgruppe der Zweigstelle in Königsberg sind Lehrer aller Schulgattungen, Theologen und andere Berufssprecher. Arbeitsschwerpunkt des Königsberger Seminars für Sprechkunde ist die Vermittlung von Kenntnissen in der Sprach- und Stimmphysiologie, der Sprachheilpädagogik und im künstlerischen Sprechen (Vortragskunst, Rhetorik).

Vorbild der Zweigstelle in Königsberg ist das Seminar für Sprechkunde in Berlin, an dem namhafte Wissenschaftler, darunter Erich Drach, Hans Lebede, Wilhelm Leyhausen, Richard Wittsack und Theodor Simon Flatau, lehren.

In den zwanziger und dreißiger Jahren erscheint eine Vielzahl von Veröffentlichungen zur Sprechkunde und Sprecherziehung in der ostpreußischen Lehrerpresse.

5. Schlußzusammenfassung

Anhand der vorliegenden Dokumentation zur Geschichte des Sprachheilwesens in Ostpreußen lassen sich folgende Entwicklungslinien für diese Region zusammenfassend aufzeigen.

Die dominierende Organisationsform der schulischen Sprachheilarbeit in Ostpreußen ist der Sprachheilkurs zur Behandlung von Schulkindern mit Sprachgebrechen (Stottern, Stammeln). In Königsberg sind von den Anfängen 1889/90 über einen Zeitraum von 45 Jahren (mit Unterbrechungen) bis 1934 Sprachheikurse belegt. Der 1902 bewilligte Schulversuch – Vergleich der Effekte der Heilkursarbeit mit dem gemeinsamen Unterricht von fünf Stotterern in einer Anfangsklasse (Knabenvolksschule) – führt in Königsberg nicht zur Gründung einer Sprachheilschule und hat keinen Bestand. Ferner werden in den mittleren Städten Ostpreußens, in Allenstein, Tilsit und Insterburg, Sprachheilkurse durchgeführt, deren zeitliche Einordnung aus den recherchierten Quellen nicht klar hervorgeht. Sie sind in den zwanziger Jahren des 20. Jahrhunderts durch Hasenkamp (1928) belegt, jedoch zu Beginn der vierziger Jahre von Steiniger (1942) nicht mehr nachweisbar.

Die Sprachheilkurse werden überwiegend an Volksschulen und vereinzelt an Hilfsschulen durchgeführt. Sie finden während der regulären Unterrichtszeit statt. Täglich wird eine Stunde Heilkursunterricht erteilt. Ein Heilkurs dauert vier bis sieben Monate. Für rückfällige Stotterer wird ein Nachhilfekurs durchgeführt. Die

Anzahl der Schüler je Sprachheilkurs steigt in Königsberg von acht bis zwölf (1889 bis 1912) auf 20 bis 25 (1921 bis 1927) und auf 30 und mehr (1929 bis 1934). Von 1921 bis 1934 finden in Königsberg jährlich zwei Sprachheilkurse statt.

Kinder mit schweren Sprechfehlern (Stottern, Stammeln u.a.) werden an den Königsberger Hilfsschulen in speziellen Sprechheilstunden gefördert (nach dem Stand von 1913). Belegt ist dort auch die Beschulung von Kindern mit motorischen und sensorischen Aphasien. Die ostpreußischen Taubstummenanstalten nehmen seit 1910 Hörstumme und Aphasiker auf. Sprachkranke Kinder werden auch in einem Heilerziehungsheim medizinisch und pädagogisch-therapeutisch betreut (etwa ab 1913 bis Ende der 20er Jahre). Überdies wird in Königsberg seit 1895 Sprechkranken Privatunterricht erteilt, der nach der letzten Ausgabe des Königsberger Einwohnerbuches auch 1941 noch angeboten wird.

Eine medizinische Institution des Sprachheilwesens in Ostpreußen ist die Abteilung für Sprach- und Stimmkranke, die der Hals-Nasen-Ohren-Klinik der Albertus-Universität angegliedert ist. Das Gründungsjahr konnte bislang nicht ermittelt werden. Sprachkranke Kinder werden dort von einer Stimm- und Sprachpflegerin unter Aufsicht eines Assistenten behandelt. Von 1936 bis 1939 werden in dieser Abteilung 150 Patienten jährlich in längeren Kursen betreut.

Während der Kriegs-, Inflations- und NS-Zeit (einschließlich Zweiter Weltkrieg) wird die pädagogische und medizinische Sprachheilarbeit in Ostpreußen beeinträchtigt, zeitweise unterbrochen (1913 bis 1920 keine Sprachheilkurse, 1939 Schließung der Abteilung für Sprach- und Stimmkranke) und Anfang der vierziger Jahre wiederaufgenommen. 1940 erhalten an der Elbinger Hilfsschule sieben Stotterer, sechs Stammler und 13 Lispler Sprachheilunterricht. Die Richtlinien für die Hilfsschule von 1942 weisen eine gezielte Sprachheilbehandlung für Kinder mit Sprachstörungen aus. Ab 1943 übernehmen die Gehörlosenschulen in Königsberg und Tilsit – die Schule in Rössel ist 1936 geschlos-

sen worden – die Beratung Sprachkranker aller Art. Sprachheillehrgänge sind geplant. Anfang Juli 1944 wird der Unterrichtsbetrieb an der Königsberger Gehörlosenschule eingestellt.

Im Hinblick auf die pädagogisch-therapeutischen und medizinischen Ansätze und Methoden ist in den schulischen Sprachheilkursen in Königsberg die Anwendung eines didaktisch-pho-
netischen Übungsverfahrens – bestehend aus Atem-, Stimm- und
Artikulationsübungen sowie Sprechregeln – in Anlehnung an die
Gutzmann-Methode erkennbar. Zunächst werden Atemübungen
in Kombination mit gymnastischen Übungen durchgeführt und
Sprechregeln (insgesamt neun) vermittelt. Die letzteren dienen
der Schulung der Konzentration auf den Sprechvorgang und betreffen u.a. den Atemeinsatz, die Zungenstellung und die Sprech-
weise. Es schließen sich Stimm- und Sprachübungen an.

Der Leiter der Königsberger Sprachheilkurse, P. Rogge, nimmt
1889 am ersten öffentlichen Lehrkurs von A. und H. Gutzmann
zur Unterweisung in ihrer Methode in Berlin teil. Bemerkens-
wert erscheint in diesem Zusammenhang der bereits im April 1891
an die Redaktion (H. Gutzmann sen.) der Medizinisch-pädagogischen Monatsschrift für die gesamte Sprachheilkunde gerich-
tete Vorschlag Rogges zur Einberufung einer Konferenz zu den
Stotterheilkursen unter Beteiligung aller auf diesem Gebiet tätigen Lehrkräfte mit dem Ziel der Gründung einer besonderen Körperschaft. Dieses Anliegen wird abgelehnt. Eine Konferenz wird
bis zur 1929 in Halle/Saale stattfindenden Fachtagung „Das
sprachkranke Kind" nicht einberufen. Rogge tritt kurz nach Ab-
lehnung seines Konferenzvorschlages aus der ständigen
Mitarbeiterschaft der Medizinisch-pädagogischen Monatsschrift
aus.

Auffallend ist die frühzeitige und umfassende Kritik des erfahrenen Schulpraktikers Rogge an A. und H. Gutzmann. So
moniert er eine Inkonsequenz in ihren Auffassungen (Krampf-
theorie/didaktische Heilmethode), ihre nur in der Privattätigkeit
belegbaren Heilerfolge bei Stotternden mit einer sehr geringen

Anzahl von Rückfällen und die fehlende Erprobung des eigenen Verfahrens im schulischen Sprachheilkurs sowie die Art und Weise, die Heilerfolge darzustellen. Rogge beanstandet das Fehlen einer „ungeschminkten und persönlich unbeeinflußten Sachlichkeit" (Rogge 1895, 22). Diese Kritik bezieht sich vermutlich auch auf die zwischen 1890 bis 1893 heftig ausgetragene Kontroverse zwischen R. Dehnhardt und H. Gutzmann, in der es um die Urheberschaft der Methoden ihrer Väter geht (vgl. Braun 1997, 102-103; Teumer 1997, 143-155). Rogge erwähnt diesen Streit, ohne die Namen der Kontrahenten zu nennen.

P. Rogge übt nicht nur Kritik, sondern unterbreitet angesichts der hohen Anzahl rückfälliger kursentlassener Stotterer dem Magistrat und der Schulbehörde von Königsberg weitreichende Vorschläge zur Verbesserung der schulischen Sprachheilarbeit (u.a. Entwicklung eines Lehrbuches zu den Sprachstörungen, Reform des ersten Leseunterrichts, Klassenfrequenzsenkung, Schulkonzept für Schüler mit schweren Sprachgebrechen). Seine Anträge finden behördlicherseits kaum Zustimmung. Rogge entwickelt auch eigene Unterrichtsmaterialien für Anfangsklassen an Volksschulen (Lesemaschine, Lauttafel, Rechenmaschine).

Bezüglich der Anwendung anderer didaktischer Übungsverfahren zur Behandlung von Kindern mit Sprachgebrechen in Königsberg ist bislang die Methode von Eduard Engel recherchiert, die vorzugsweise im Privatunterricht Anwendung findet. Zu der in den Sprechheilstunden an den Hilfsschulen verwendeten Methode ist bisher nichts bekannt, aber der dreiteilige Leselehrgang (Artikulationsfibel, Lesefibel, Lesebuch) auf phonetischer Grundlage von E. Rehs und E. Witt umfassend dokumentiert. Er berücksichtigt Schüler mit Sprachgebrechen und wird von 1907 bis 1926 an den Königsberger Hilfsschulen verwendet. Die Verfasserinnen haben bei der Entwicklung ihres Lehrwerkes die zu ihrer Zeit aktuelle psychologische und sprachphysiologische Forschungsliteratur berücksichtigt, darunter „Die Seele des Kindes" (1881) von Thierry William Preyer und die

„Untersuchungen über die Kindheit" (1897) von James Sully. Den Land- und Kleinstadtlehrern, in deren Umkreis es keine Hilfsschulen gibt, wird empfohlen, ihre schwachbefähigten Schüler mit Sprachgebrechen einzeln und nach der physiologischen Methode nach Gutzmann oder der psychologischen Methode nach Liebmann zu unterrichten.

Im Heilerziehungsheim in Königsberg erfolgt die medizinisch-pädagogische Behandlung der Kinder, darunter Sprachkranke, in Anlehnung an das Behandlungskonzept des von Johannes Trüper auf der Sophienhöhe bei Jena (1890) gegründeten Erziehungsheimes. Exemplarisch ist das Fallbeispiel eines Knaben mit Sprechhemmungen auf psychopathischer Grundlage aus dem Trüperschen Heim dokumentiert. Daraus ist eine psychologische Vorgehensweise verbunden mit einer Stärkung des physischen Allgemeinzustandes (u.a. durch Ernährung, Bäder und Bewegung) erkennbar.

Bei den Hörstummen und Aphasikern an der Königsberger Taubstummenanstalt findet das lautsprachliche Verfahren aus dem Taubstummenunterricht erfolgreich Anwendung. Bei der heilpädagogischen Übungsbehandlung der kriegsbedingten motorischen und sensorischen Aphasien wird in Königsberg auch die optisch-taktile Methode des Taubstummenunterrichts mit Erfolg angewendet (Reichmann/Reichau 1919).

Grundlegend für die pädagogische Sprachheilarbeit sind die medizinischen Forschungsarbeiten und Untersuchungen der an der Albertus-Universität zu Königsberg wirkenden Wissenschaftler. So knüpft man in der Aphasieforschung (u.a. Huber, Poeck et al.) bis heute an die Aphasieklassifikation (Wernicke-Lichtheim-Schema) von Ludwig Lichtheim an. Die Bezeichnung „Formant" sowie die Formantentheorie gehen auf die phonophotographischen Untersuchungen von Ludimar Hermann zurück.

Kurt Goldstein befaßt sich in seinen Publikationen u.a. mit der Lokalisation psychischer Vorgänge im Gehirn sowie Hirnverletzungen und Hirnerkrankungen mit ihren Auswirkungen auf die Sprache (z.B. Aphasien, Apraxien).

Raphael Sokolowsky, Leiter der akustisch-phonetischen Abteilung an der Albertina und von 1918 bis 1933 einziger Facharzt für Sprachstörungen in Königsberg, publiziert Arbeiten zu Sprach- und Stimmstörungen und lehrt auch an der Zweigstelle Königsberg des Berliner Seminars für Sprechkunde.

Rudolf Kafemann, Hals-Nasen-Ohren-Arzt und Professor an der Albertina, beschäftigt sich umfassend mit dem Einfluß von Nasen- und Rachenleiden auf die geistige und sprachliche Entwicklung der Schulkinder. Gemeinsam mit dem Lehrer Paul Rogge führt er im Zeitraum von Juni bis August 1890 statistische Erhebungen an den Königsberger Schulen durch und ermittelt 136 stotternde Schüler. Gemeinsam mit Rogge leitet er die Fortbildungskurse für Lehrer zur Behandlung von Sprachgebrechen. Kafemann sieht keinen ursächlichen Zusammenhang zwischen dem häufigen Auftreten bestimmter Hals-, Nasen- und Ohrerkrankungen mit Stottern, klärt aber die Lehrer über Stotterrezidive durch nicht behandelte krankhafte Veränderungen im Hals- und Nasenraum auf.

Die Stadt Königsberg ist seit den siebziger Jahren des 19. Jahrhunderts durch die Medizinische Fakultät der Albertus-Universität, viele niedergelassene Fachärzte und Privatkliniken das Zentrum medizinischer Forschung und Lehre in der Provinz Ostpreußen und angesehen in ganz Deutschland.

Wilhelm August Fett, der Initiator, und Paul Rogge, der Leiter der schulischen Sprachheilkurse, sind erfahrene Bürger- und Volksschullehrer. P. Rogge ist von 1886 bis 1902 Lehrer an einer Bürgerschule für Knaben, von 1902 bis 1908 an einer Knabenvolksschule und danach an einer Mädchenvolksschule. In den zwanziger Jahren wird er zum Konrektor ernannt. Seit 1895 führen ihn die Königsberger Adreßbücher im Einwohnerverzeichnis als „Speciallehrer für die Beseitigung von Sprechfehlern" und im Verzeichnis der Gewerbetreibenden als „Lehrer für Sprechkranke".

Rogge leitet von 1889 bis 1912 (wahrscheinlich länger) die

schulischen Sprachheilkurse für Kinder mit Sprachgebrechen (Stottern, Stammeln). Zugleich erteilt er ab 1895, vermutlich bis zu seinem Tod (letzter Eintrag im Königsberger Einwohnerbuch 1933), Sprechkranken Privatunterricht.

Einfluß auf das pädagogische Denken von Rogge haben offenbar Veröffentlichungen von Paul Bergemann (1862-?). Rogge nimmt in seine Schrift „Was hat die Schule zu thun, um die Sprechfehler zu bekämpfen?" (1895) Zitate Bergemanns auf, die er auf die zu seiner Zeit erschienene Literatur zur Stotterheilung, insbesondere das darin beschriebene Verfahren, überträgt. So sind nach Bergemann Erziehung und Unterricht lange Zeit nur nach „einem bloßen empirischen, ungesichteten Regelsammelsurium" betrieben worden (Bergemann, zit. nach Rogge 1895, 22). Bergemann versucht, so Schröer (1997, 124), nach seiner Abkehr von der Herbart-Schule „die Erkenntnisse der experimentellen Psychologie, der Biologie und Kulturphilosophie für die Pädagogik nutzbar zu machen".

Im Hinblick auf die Einflüsse pädagogischer Zeitströmungen auf das didaktisch-methodische Vorgehen der Königsberger Lehrerschaft ist zunächst festhaltbar, daß das allgemeine Schulwesen in Preußen zu Beginn unseres Jahrhunderts durch die Pädagogik von Pestalozzi, Herbart und Fröbel beeinflußt ist.

In Königsberg werden ferner Unterrichtsversuche (ab 1920) nach dem Konzept von B. Otto (Gesamtunterricht) durchgeführt. Zu den Vertretern des Werkunterrichts als pädagogischer Richtung zählen neben dem Schulrat Heinrich Scherer und dem Charlottenburger Rektor Otto Seinig auch der Königsberger Mittelschulrektor Brückmann. Unabhängig von ungünstigen Gegebenheiten (z.B. keine Werkstatt) fördern sie die Handbetätigung mit einfachsten Materialien und Werkzeugen bei allen sich bietenden Gelegenheiten.

Einzug in die Königsberger Hilfsschulen halten die Sinnesübungen nach M. Montessori. Die Provinzial-Taubstummenanstalt in Rössel nimmt vermehrt Grundsätze der

Arbeitsschulbewegung auf. Impulse bei der Gründung eines Landhilfsschulheimes im Kreis Pr. Eylau 1931 gehen von den Landerziehungsheimen (H. Lietz) und der Reinickendorfer Schulfarm Scharfenberg aus.

In bezug auf die Lehrerbildung sind zunächst die Bemühungen der Königlichen Regierung, des Königsberger Magistrats, der städtischen Schulbehörde, des Lehrers P. Rogge und des Arztes R. Kafemann um die Qualifizierung der Königsberger Lehrerschaft zur Behandlung von Schulkindern mit Sprachgebrechen zu nennen. Die genannten Behörden richten frühzeitig als Reaktion auf die hohe Anzahl rückfälliger kursentlassener Stotterer die Lehrkurse unter Leitung von Rogge mit Beteiligung von Kafemann ein. Es werden medizinische Grundlagen zur Sprachphysiologie und Sprachpathologie in Vorträgen mit Demonstrationen vermittelt (Kafemann) und das gesamte didaktisch-phonetische Übungsverfahren zur Behandlung der sprachgebrechlichen Schulkinder gelehrt und mit ausgewählten Schülern praktisch erprobt. 1894 finden zwei Lehrkurse für Lehrer der Stadt Königsberg und der Provinz statt. An dem 1908 stattfindenden Lehrkurs nehmen Mittel-, Bürger-, Hilfs- und Volksschullehrer sowie zwei Rektoren teil. Die Schulbehörde fördert gezielt Hospitationen der Königsberger Lehrkräfte in den Schülerheilkursen von Rogge. Lehrern, die in ihren Klassen Kursschüler haben, sollen unter allen Umständen, auch durch Stundenplanänderungen, Hospitationen in den Sprachheilkursen gewährt werden.

Der Ausbildungsplan für Taubstummenhilfslehrer der Königsberger Taubstummenanstalt (1910), die Prüfungsordnungen für Lehrer und Direktoren an Taubstummenanstalten (1911) sowie die Hilfsschullehrerprüfungen verlangen fundierte Kenntnisse in der Sprachphysiologie, Sprachpathologie, den Sprachstörungen und ihrer Behandlung.

Die Königsberger Lehrerschaft schließt sich zu Beginn der zwanziger Jahre unseres Jahrhunderts zur „Pädagogischen Interessengemeinschaft Ostpreußen" zusammen mit dem Ziel, ein „Institut für experimentelle Psychologie und Pädagogik" in Königsberg nach dem Vorbild des Leipziger Institutes (1906) zu gründen.

Die Gemeinschaft studierender Lehrer der Provinz erwirkt mit Unterstützung des Königsberger Lehrervereins und des Provinzial-Lehrervereins die Einrichtung eines Lehrstuhls für Pädagogik an der Albertina. Darauf wird Prof. Dr. med. et phil. F. E. Otto Schultze berufen. Sein Spezialgebiet ist die Pädagogik der Minderbegabten.

Allen Berufssprechern (Lehrern, Theologen u.a.) dient die 1922 gegründete Zweigstelle Königsberg des Seminars für Sprechkunde am Berliner Institut für Erziehung und Unterricht (1915) zur Aus- und Fortbildung. Diese Einrichtung vermittelt Kenntnisse zum physiologischen, pädagogischen und künstlerischen Sprechen sowie praktische Übung und Einführung in die zugehörige Heilpädagogik.

Die Entstehung und Entwicklung des Sprachheilwesens in Ostpreußen vollzieht sich nicht isoliert von den anderen preußischen Provinzen und deutschen Ländern. Die Universitätsstadt Königsberg steht, wie dokumentiert, durch ihre Forschungseinrichtungen, die rege Lehrerverbandsarbeit (Taubstummenlehrervereinigung, Hilfsschulverband, Provinzial-Lehrerverein, Pädagogische Interessengemeinschaft Ostpreußen) und durch die dort wirkenden Mediziner und Pädagogen im regen Austausch mit Forschungszentren wie Berlin, Halle/Saale und Jena.

Taubstummenlehrer, Ärzte an Taubstummenanstalten und Geistliche nehmen an Fortbildungskursen sowie der Königsberger Lehrer P. Rogge am ersten Lehrkurs von A. und H. Gutzmann sen. in Berlin teil. Die Schülerin der Gehörlosenschule, Frau K., wird H. Gutzmann jun. zur Untersuchung in Berlin vorgestellt. Dieser hospitiert wiederum zwischen 1923 und 1924 bei R. Sokolowsky an der Königsberger Albertus-Universität.

Namhafte Mediziner beginnen ihre Laufbahn in Berlin und

setzen sie in Königsberg fort (L. Hermann) und umgekehrt (K. Goldstein, F. Fromm-Reichmann). Die beiden letztgenannten sowie R. Sokolowsky verlassen nach 1933 Deutschland und sind in Amerika auf ihren Forschungsgebieten tätig.

An der Fachtagung „Das sprachkranke Kind" in Halle/ Saale (1929) nehmen auch Lehrerinnen (A. Tackmann, A. Kecker) aus Königsberg teil. Langjährig in Trüpers Erziehungsheim bei Jena tätige Lehrkräfte (A. und K. Grundig) bauen das Königsberger Heilerziehungsheim auf.

In der vorliegenden Arbeit sieht die Verfasserin Anknüpfungspunkte für weitere historische Untersuchungen, u.a. zu den pädagogischen Verdiensten von Paul Rogge, die Impulse für die gegenwärtige Sprachheilarbeit geben können.

Literaturverzeichnis

Adreßbücher der Haupt- und Residenzstadt Königsberg in Preussen für 1850 bis 1900

Adreßbücher der Haupt- und Residenzstadt Königsberg in Preussen und seiner Vororte für 1900 bis 1928

Altpreußische Biographie. Hrsg. im Auftrage der Historischen Kommission für Ost- und Westpreußische Landesforschung von K. Forstreuter und F. Gause. Band III. Marburg/Lahn 1975

Amtliches Schulblatt für den Regierungsbezirk Königsberg 11 (1912) 10, 1

Ausführungsanweisung zu dem Gesetz betreffend die Beschulung blinder und taubstummer Kinder vom 7. August 1911. In: Krafft, O.: Festschrift zur Hundertjahrfeier der Provinzial-Taubstummen-Anstalt Königsberg Pr. 1817-1917. Königsberg i. Pr. 1918, 163-170

Balla, F.: Der Königsberger Sprechheilkursus. Lehrerzeitung für Ost- und Westpreußen 39 (1908), 685-687

Barran, F. R.: Städte-Atlas Ostpreußen. Leer 1994, 3. Aufl.

Zur **Begründung** eines Instituts für experimentelle Psychologie und Pädagogik in Ostpreußen. Lehrerzeitung für Ost- und Westpreußen 52 (1921), 327-328

Bellmann, G.: Ueber gesundheitsgemäßes, phonetisch richtiges Sprechen. Lehrerzeitung für Ost- und Westpreußen 41 (1910), 807

Berliner, A.: Lehrbuch der Experimentalphysik in elementarer Darstellung. Jena 1911, 2. Aufl.

Beschel, E.: Geschichte der Hilfsschule. In: Heese, G., Wegener, H. (Hrsg.): Enzyklopädisches Handbuch der Sonderpädagogik und ihrer Grenzgebiete. Band 1. Berlin 1968

Biesalski, P., Frank, F.: Phoniatrie – Pädaudiologie. Band 1. Phoniatrie. Stuttgart, New York 1994

Bink, K.: Gesamtunterricht nach Berthold Otto. Lehrerzeitung für Ost- und Westpreußen 53 (1922), 453-454 u. 465-467

Bloch, E.: Zur Pathologie und Therapie der Mundatmung. Wiesbaden 1889

Boockmann, H.: Deutsche Geschichte im Herzen Europas. Ostpreußen und Westpreußen. Berlin 1992

Brache, C.: Die Stimme als Berufswerkzeug. Lehrerzeitung für Ost- und Westpreußen 61 (1930), 159-160

Brache, C.: Die Hygiene der Stimme. Lehrerzeitung für Ost- und Westpreußen 61 (1930), 702-704

Brache, C.: Die Stimmschulung als Mittel zum Erlebnis der deutschen

Sprache. Lehrerzeitung für Ost- und Westpreußen 63 (1932), 170-172

Brache, C.: Das Erwachen von Sprache und Geist beim Kinde. Lehrerzeitung für Ost- und Westpreußen 63 (1932), 419-420

Braun, O.: Der pädagogisch-therapeutische Umgang mit stotternden Kindern und Jugendlichen. Berlin 1997

Braun, O.: Das didaktische Heilverfahren Gutzmanns zur Behandlung des Stotterns: Konzeption und Wirkung. In: Teumer, J. (Hrsg.): Zum Beispiel Albert Gutzmann. Leben und Wirken eines bedeutenden Gehörlosen- und Sprachheilpädagogen. Berlin 1997, 109-121

Bresgen, M.: Ueber die Bedeutung behinderter Nasenathmung für die körperliche, geistige und die sprachliche Entwicklung der Kinder. Medizinisch-pädagogische Monatsschrift für die gesammte Sprachheilkunde 1 (1891), 204-210

Brockhaus-Enzyklopädie. Band 16. Nos-Per. Mannheim 1991, 19. Aufl.

Brückmann, ?: Organisation der Königsberger Volksschulen unter Anlehnung an das „Mannheimer System". Lehrerzeitung für Ost- und Westpreußen 35 (1904), 821-822

Busalla, F.: Pädagogische Zeitströmungen der Gegenwart. Lehrerzeitung für Ost- und Westpreußen 52 (1921), 511-514 u. 527-529

Chronik der Königlichen Albertus-Universität zu Königsberg i. Pr. für das Studien- und Etatjahr
1892/93. Königsberg 1893
1894/95. Königsberg 1895
1898/99. Königsberg 1899

Chronik der Königlichen Albertus-Universität zu Königsberg i. Pr. für das Studienjahr 1899/1900 (Etatjahr 1899). Königsberg 1900

Chronik der Königlichen Albertus-Universität zu Königsberg i. Pr. für das Studienjahr
1905/06. Königsberg 1906
1909/10. Königsberg 1910
1914/15. Königsberg 1915

Der Krüppelführer. Zeitschrift für katholische Krüppelfürsorge 1 (1928), 53-55

Die Hilfsschule
3 (1910), 24
8 (1915), 42
11 (1918), 115
19 (1926), 389-391
20 (1927), 504-505
24 (1931), 181
25 (1932), 178 u. 689-690

Die deutsche Sonderschule
3   (1936), 308-310
5   (1938),   572
10 (1943),   73

Einwohnerbücher (vormals Adreßbücher) von Königsberg Preußen und seinen Vororten 1929 bis 1940

Einwohnerbuch Königsberg (Pr.) 1941

Elders, A.: Ueber wissenschaftliche und künstlerische Stimmpflege mit Berücksichtigung der Stotterheilung. Lehrerzeitung für Ost- und Westpreußen 45 (1914), 199-200

Engel, E.: Das erste Schuljahr. Berlin 1899

Fett, W. A.: Der preußische Volksschullehrer im Examen. Eine Sammlung von über 5500 Prüfungsthemen. Langensalza 1884

Fett, W. A.: Die Lehrprobe in der Volksschule. Langensalza 1884

Fett, W. A.: Konferenzarbeiten. Band I. Pädagogik. Langensalza 1886

Fett, W. A.: Die Sprachgebrechen unserer Schüler. Königsberg i. Pr. 1889

Fett, W. A.: Konferenzarbeiten. Band II. Religion, Deutsch, Rechnen, Raumlehre, Realien, Gesang, Zeichnen und Turnen. Langensalza 1886; 1890, 2. Aufl.

Freud, S.: Zur Auffassung der Aphasien. Leipzig 1891

Fricke-Finkelnburg, R. (Hrsg.): Nationalsozialismus und Schule: Amtliche Erlasse und Richtlinien 1933-1945. Opladen 1989

Fromm-Reichmann, F.: Psychoanalyse und Psychotherapie. Hrsg. von Dexter M. Bullard. Stuttgart 1978

Funk, R.: Erich Fromm. Reinbek bei Hamburg 1998, 7. Aufl.

Gause, F.: Geschichte des Preußenlandes. Leer 1966

Zum 60. **Geburtstag** Friedrich Tromnaus. Lehrerzeitung für Ost- und Westpreußen 49 (1918), 214

Geheimes Staatsarchiv Preußischer Kulturbesitz, I. Rep. 76 VIII A Ältere Medizinalregistratur (M) Nr. 702: Die namentlichen Nachweisungen der Medizinalpersonen im Regierungsbezirk Königsberg von Januar 1874 bis Dezember 1904

Geissner, H.: Wege und Irrwege der Sprecherziehung: Personen, die vor 1945 im Fach anfingen und was sie schrieben. St. Ingbert 1997

Gesetz, betreffend die Beschulung blinder und taubstummer Kinder vom 7. August 1911. In Krafft, O.: Die Provinzial-Taubstummenanstalt zu Königsberg Pr. Festschrift zur Hundertjahrfeier der Anstalt 1817-1917. Königsberg i. Pr. 1918, 161-163

Goldstein, K.: Ueber Aphasie. Beihefte zur Medizinischen Klinik 6 (1910) 1, 1-32

Goldstein, K.: Über Aphasie. In: Kurt Goldstein. Selected Papers / Ausgewählte Schriften. Edited by Gurwitsch, A., Goldstein Haudeck, E. M., William, E. The Hague 1971, 154-230

Gornig, G. H.: Das Memelland gestern und heute. Eine historische und rechtliche Betrachtung. Bonn 1991

Gornig, G. H.: Das nördliche Ostpreußen gestern und heute. Eine historische und rechtliche Betrachtung. Bonn 1995

Goronczy, W.: Besinnliches über Hilfsschulfragen. Lehrerzeitung für Ost- und Westpreußen 62 (1931), 198-199

Grundig, A.: Die Bedeutung des Bildes im Unterrichte der Schwachen. Beiträge zur Kinderforschung und Heilerziehung. Heft 148. Langensalza 1918

Grundig, A.: Sinn der Erziehung zurückgebliebener Kinder. Lehrerzeitung für Ost- und Westpreußen 57 (1926), 524-526

Grünberg, B.: Die Hilfsschule, ihr Schülermaterial und ihre Arbeit. Lehrerzeitung für Ost- und Westpreußen 56 (1925), 666-667

Grünberg, B.: Über die Ermittlung hilfsschulbedürftiger Kinder im Regierungsbezirk Königsberg i. Pr. Die Hilfsschule 24 (1931), 543-548

Günther, E.: Kurzer Wegweiser für Lehrer stotternde Kinder zu heilen. Neuwied 1876

Gutzmann, A.: Ueber die Fortschritte der öffentlichen Massnahmen in Preussen gegenüber der grossen Ausbreitung der Sprachgebrechen unter der Schuljugend. Medizinisch-pädagogische Monatsschrift für die gesammte Sprachheilkunde 1 (1891), 41-49

Gutzmann, H.: Die öffentliche Fürsorge für stotternde und stammelnde Schulkinder. Medizinisch-pädagogische Monatsschrift für die gesammte Sprachheilkunde 3 (1893), 333-340

Gutzmann, H.: Die praktische Anwendung der Sprachphysiologie beim ersten Leseunterricht. In: Schiller, H., Ziehen, Th. (Hrsg.): Sammlung von Abhandlungen aus dem Gebiete der Pädagogischen Psychologie und Physiologie. Band 1. Berlin 1898

Gutzmann, H.: II. Beitrag zu dem Zusammenhange funktioneller Sprachstörungen mit Fehlern und Krankheiten der oberen Luftwege. Medizinisch-pädagogische Monatsschrift für die gesammte Sprachheilkunde 11 (1901), 309-315

Gutzmann, H.: Besprechungen. Ueber die Denkschwäche der Schulkinder aus nasaler Ursache. Vortrag gehalten im Königsberger Lehrerverein von Dr. R. Kafemann, Privatdozent an der Universität Königsberg. Medizinisch-pädagogische Monatsschrift für die gesammte Sprachheilkunde 12 (1902), 150-153

Gutzmann, H.: Über die Beeinflussung geistiger Leistungen durch Behinderung der Nasenatmung von Rudolf Kafemann. Medizinisch-pädagogische Monatsschrift für die gesamte Sprachheilkunde 13 (1903), 99-101

Hansen, K.: Die Problematik der Sprachheilschule in ihrer geschichtlichen Entwicklung. Halle (Saale) 1929

Hasenkamp, E. (Hrsg.): Das sprachkranke Kind. Bericht über die Verhandlungen auf der Tagung in Halle a. S. 23. bis 25. Mai 1929. Halle a. S. 1930

Haushaltspläne der Stadt Königsberg Pr. für 1938, 1939, 1940, 1941

Heilpädagogische Woche in Königsberg i. Pr. vom 26. bis 30. September 1922. Lehrerzeitung für Ost- und Westpreußen 53 (1922), 431

Hermann, L.: Phonophotographische Untersuchungen I. Pflügers Archiv für die gesamte Physiologie des Menschen und der Tiere 45 (1889), 582-592

Hermann, L.: Ueber das Verhalten der Vocale am neuen Edison'schen Phonographen. Pflügers Archiv für die gesamte Physiologie 47 (1890), 42-53 u. 347-391

Hermann, L.: Phonophotographische Untersuchungen IV. Untersuchungen mittels des neuen Edison'schen Phonographen. Pflügers Archiv für die gesamte Physiologie 53 (1892), 1-54

Hermann, L., Matthias, F.: Phonophotographische Mittheilungen V. Die Curven der Consonanten. Pflügers Archiv für die gesamte Physiologie 58 (1894), 255-263

Hermann, L.: Phonophotographische Untersuchungen VI. Nachtrag zur Untersuchung der Vocalcurven. Pflügers Archiv für die gesamte Physiologie 58 (1894), 264-279

Hermann, L.: Weitere Untersuchungen über das Wesen der Vocale. Pflügers Archiv für die gesamte Physiologie 61 (1895), 169-204

Hermann, L.: Fortgesetzte Untersuchungen über die Konsonanten. Pflügers Archiv für die gesamte Physiologie 83 (1901), 1-32

Hermann, L.: Ueber Synthese von Vocalen. Pflügers Archiv für die gesamte Physiologie 91 (1902), 135-163

Hermann, L.: Neue Beiträge zur Lehre von den Vokalen und ihrer Entstehung. Pflügers Archiv für die gesamte Physiologie 141 (1911), 1-62

Hermann, L.: Lehrbuch der Physiologie. Berlin 1910, 14. Aufl.

Hilfsschullehrerprüfung. Lehrerzeitung für Ost- und Westpreußen
52 (1921), 121
53 (1922), 342

Hillenbrand, C.: Reformpädagogik und Heilpädagogik unter besonderer Berücksichtigung der Hilfsschule. Bad Heilbrunn 1994

Hochschulführer der Universität Königsberg Pr. (Hrsg.): Studentenführung Universität Königsberg, Verantw.: H. Schwarz. Königsberg 1941

Huber, W.: s. Poeck, K.

International Biographical Dictionary of Central European Emigrés 1933-1945. Volume II / Part 1: A-K. The Arts, Sciences and Literature. General Editors: Strauss, H. A., New York; Röder, W., München. München, New York 1983, 398

Jahrbuch Königsberg (Pr) 1935, 1936, 1937. Herausgeber: Der Oberbürgermeister; Amt für Wirtschaft und Statistik. Königsberg (Pr) 1935, 1936, 1937

Jakobi, H., Link, R.: Adenoide Vegetationen. In: Berendes, J., Link, R., Zöllner, F. (Hrsg.): Hals-Nasen-Ohren-Heilkunde in Praxis und Klinik. Band 3. Berendes, J. (Hrsg.): Mund, Rachen, Speiseröhre, Tropenkrankheiten. Stuttgart 1978, 2. Aufl.

Kafemann, R.: Schuluntersuchungen des kindlichen Nasen- und Rachenraumes an 2238 Kindern mit besonderer Berücksichtigung der tonsilla pharyngea und der aprosexia nasalis. Danzig 1890

Kafemann, R.: Über die Beziehungen gewisser Nasen- und Rachenleiden zum Stottern auf Grund von Schuluntersuchungen. Danzig 1891

Kafemann, R.: Über den Zusammenhang gewisser Hals- und Nasenleiden mit Stottern. Medizinisch-pädagogische Monatsschrift für die gesammte Sprachheilkunde 1 (1891), 13-21

Kafemann, R.: Weitere Beiträge zur Pathologie der Aprosexia nasalis und einzelner Sprachstörungen. Medizinisch-pädagogische Monatsschrift für die gesammte Sprachheilkunde 2 (1892), 1-9

Kafemann, R.: Die öffentliche Fürsorge für stotternde und stammelnde Schulkinder. Medizinisch-pädagogische Monatsschrift für die gesammte Sprachheilkunde 4 (1894), 33-36

Kafemann, R.: Ueber die Denkschwäche der Schulkinder aus nasaler Ursache. Danzig 1901

Kafemann, R.: Ueber die Beeinflussung geistiger Leistungen durch Behinderung der Nasenathmung. In: Kraepelin, E. (Hrsg.): Psychologische Arbeiten. 4. Band. Leipzig 1902

Kafemann, R.: Hygiene der Sprechstimme für Lehrer, Vorleser, Geistliche, Kommandoführer und Sänger. Danzig 1908

Kalender für heilpädagogische Schulen und Anstalten. Hrsg. von Frenzel, F., Schwenk, I. Achter Jahrgang 1912-1913. Halle a. S. o.J.

Kalender für heilpädagogische Schulen und Anstalten. Hrsg. von Frenzel, F., Henze, A. Elfter Jahrgang 1925/1926. Halle a. S. o.J.

Kiewe, L.: Krüppelheil- und Lehranstalt für Ostpreußen zu Königsberg i. Pr. (Hindenburghaus). Fünfzehn Jahre Krüppelfürsorge 1913-1928.

Königsberg i. Pr. o.J.

Klieneberger, O.: Der Schwachsinn und seine Erkennung. Lehrerzeitung für Ost- und Westpreußen 53 (1922), 63-64, u. 77-79

Knoch, G.: Hilfsschule für das Land oder Landerziehungsheim für Hilfsschulkinder. Lehrerzeitung für Ost- und Westpreußen 62 (1931), 154-155

Krafft, O.: Festschrift zur Hundertjahrfeier der Provinzial-Taubstummen-Anstalt Königsberg i. Pr. 1817-1917. Königsberg i. Pr. 1918

Kussmaul, A.: Die Störungen der Sprache. v. Ziemssens Handbuch. Band XII, Anhang. Leipzig 1885, 3. Aufl.

Lehrerzeitung für Ost- und Westpreußen

33 (1902), 700-701
37 (1906), 334
39 (1908), 177
44 (1913), 207
50 (1919), 292-294
51 (1920), 164

Leischner, A.: Aphasien und Sprachentwicklungsstörungen. Klinik und Behandlung. Stuttgart 1991

Lichtheim, L.: Über Aphasie. Deutsches Archiv für Klinische Medicin 36 (1885a), 204-268

Lichtheim, L.: On Aphasia. Brain 7 (1885), 433-484

Martinu, P.: Sinnesübungen nach Dr. Maria Montessori und ihre besondere Bedeutung für den Unterricht des Hilfsschulkindes. Lehrerzeitung für Ost- und Westpreußen 58 (1927), 541-542

Mecklenburg, ?: Die ostpreußischen Provinzial-Taubstummenanstalten. III. Die Provinzial-Taubstummenanstalt zu Rössel. In: Wende, G. (Hrsg.): Deutsche Taubstummenanstalten, -schulen und -heime in Wort und Bild. Halle a. S. 1915, 83-91

Medizinisch-pädagogische Monatsschrift für die gesammte Sprachheilkunde 1 (1891), 136, 198 u. 399-402

Memelkonvention vom 8. Mai 1924. In: Gornig, G. H. Das Memelland gestern und heute. Eine historische und rechtliche Betrachtung. Bonn 1991, 200-216

Mielecke, A.: Ueber die Einrichtung von öffentlichen Heilkursen für sprachgebrechliche Kinder. Medizinisch-pädagogische Monatsschrift für die gesammte Sprachheilkunde 1 (1891), 86-93

Möckel, A: Geschichte der Heilpädagogik. Stuttgart 1988

Naffin, P.: Das soziale Verhalten taubstummer Schulkinder. Eine sozial-psychologisch-individualdiagnostische Untersuchung. Königsberg 1933

Nendza, J.: Die Schwachsinnigenfürsorge im Bezirk Allenstein nebst Vorschlägen zu ihrer weiteren Ausgestaltung. Lehrerzeitung für Ost- und

Westpreußen 61 (1930), 225-229

Neumann, W.: Einige Hilfsmittel für den Unterricht im ersten Schuljahre (Roggesche Lesemaschine, Lauttafel und Rechenmaschine). Lehrerzeitung für Ost- und Westpreußen 35 (1904), 729-732

Noll, A.: Sickingers System der Klassen für förderungsbedürftige Schüler in der Schweiz. Berlin 1985

Pagel, J. L. (Hrsg.): Biographisches Lexikon hervorragender Ärzte des neunzehnten Jahrhunderts. Leipzig 1989

Pestalozzi, Herbart, Fröbel als die Begründer der neuen Pädagogik. Lehrerzeitung für Ost- und Westpreußen 47 (1916), 179-180 u. 185-186

Poeck, K. (Hrsg.): Klinische Neuropsychologie. Stuttgart 1989

Preyer, W.: Die Seele des Kindes. Leipzig 1890, 3. Aufl.

Prüfungsordnung für Lehrer und Lehrerinnen an Taubstummenanstalten (1911). In Krafft, O.: Festschrift zur Hundertjahrfeier der Provinzial-Taubstummen-Anstalt Königsberg i. Pr. 1817-1917. Königsberg i. Pr. 1918, 115-117

Prüfungsordnung für Direktoren und Direktorinnen an Taubstummenanstalten (1911). In Krafft, O.: Festschrift Königsberg i. Pr. 1918, 117-119

Reble, A.: Geschichte der Pädagogik. Stuttgart 1995, 18. Aufl.

Reglement für die Provinzial-Taubstummen-Anstalten zu Königsberg, Angerburg und Rössel vom 24. November 1893. In: Krafft, O.: Festschrift Königsberg i. Pr., 151-154

Reglement für die Provinzial-Taubstummen-Anstalten zu Königsberg, Tilsit und Rössel vom 30. November 1910. In: Krafft, O.: Festschrift Königsberg i. Pr., 155-160

Reglement für die Provinzial-Taubstummen-Anstalten zu Königsberg, Tilsit und Rössel vom 17. April 1912. In: Krafft, O.: Festschrift Königsberg i. Pr. 1918, 170-177

Rehs, E., Witt, E.: Begleitschrift zu Artikulationsfibel, Lesefibel und Lesebuch für Hilfsschulen und verwandte Anstalten. Leipzig, Berlin 1907

Rehs, E., Witt, E.: Fibel auf phonetischer Grundlage mit besonderer Berücksichtigung der neuesten Forderungen auf dem Gebiete des ersten Leseunterrichts zum Gebrauch in Hilfsschulen und verwandten Anstalten. Teil 1: Artikulationsfibel. Leipzig, Berlin 1916, 3. Aufl. Teil 2: Lesefibel. Leipzig, Berlin 1917, 3. Aufl.

Reichmann, F., Reichau, E.: Zur Übungsbehandlung der Aphasien. Archiv für Psychiatrie und Nervenkrankheiten 60 (1919), 8-42

Rogge, P.: Was hat die Schule zu thun, um die Sprechfehler zu bekämpfen? Danzig 1895

Samter, O.: Die Entwicklung der klinischen Medizin in Königsberg.

In: Hensel, J. (Hrsg.): Medizin in und aus Ostpreußen. Nachdrucke aus den Rundbriefen der „Ostpreußischen Arztfamilie" 1945-1995. Starnberg 1996, 329-331

Scholz, H., Schroeder, P.: Ärzte in Ost- und Westpreußen. Würzburg 1970

Schorsch, E.: Der Bund deutscher Taubstummenlehrer im Jahre 1923. Blätter für Taubstummenbildung 37 (1924), 117

Schröer, W.: Sozialisierung von Bildung. Die Sozialpädagogikdebatte im „Kampf um Herbart". In: Niemeyer, C., Schröer, W., Böhnisch, L. (Hrsg.): Grundlinien Historischer Sozialpädagogik. Weinheim, München 1997, 111-127

Schulprogramm des Deutschen Lehrervereins (Beschluß der Vertreterversammlung vom 10. bis 12. Juni 1919 in Berlin). Lehrerzeitung für Ost- und Westpreußen 50 (1919), 292-293

Schulprogramm des Preußischen Lehrervereins (Beschluß des 8. Preußischen Lehrertags am 30. und 31. Mai 1919 zu Magdeburg). Lehrerzeitung für Ost- und Westpreußen 50 (1919), 293-294

Schultze, F. E. O.: Anleitung zur Menschenkenntnis. Berlin 1923

Schultze, F. E. O.: Grundlegung der Pädagogik. Teil I: Empirische Phänomenologie des Unterrichtes. Langensalza 1926

Schultze, F. E. O.: Vorbereitung und Kritik des Unterrichtes. Berlin 1927

Schultze, F. E. O.: Das akademische Studium des Lehrers und Erziehers. Berlin 1928

Schultze, F. E. O.: Grundlegung der Pädagogik. Teil II: Grundbegriffe der Allgemeinen Pädagogik. Langensalza 1929

Schumann, P.: Der Weg zurück – und ein Dennoch! Blätter für Taubstummenbildung 45 (1932), 1-6

Schumann, P.: Geschichte des Taubstummenwesens. Frankfurt a. M. 1940

Unsere **Schwachen** in der Schule. Lehrerzeitung für Ost-und Westpreußen 58 (1927), 543-547

Sengstock, E.: Grundlinien der Hilfsschulerziehung. Lehrerzeitung für Ost- und Westpreußen 36 (1905), 289-290 u. 290-298

Simoneit, M.: Der neubegründete Lehrstuhl für Pädagogik in Königsberg. Lehrerzeitung für Ost- und Westpreußen 53 (1922), 467

Sokolowsky, R.: Über eine seltenere Form der Stimmschwäche der Sprecher (Rheseasthenie). In: Bericht über die zweite Versammlung der Deutschen Gesellschaft für Sprach- und Stimmheilkunde am 12. und 13. April 1928 in Leipzig. Leipzig 1929

Statistisches Reichsamt (Hrsg.): Statistisches Jahrbuch für das Deutsche Reich. 59. Jahrgang 1941/42. Berlin 1942

Steiniger, F.: Einiges über die Organisation des Sprachheilunterrichts in Deutschland. Die deutsche Sonderschule 9 (1942), 14-18, 52-57, 92-98 u. 135-142

Stürzbecher, M.: Die Familie Gutzmann, die Berliner Universitäten und die Entwicklung der Stimm- und Sprachheilkunde. In: Gross, M.: 30 Jahre Logopädie in Deutschland. Berlin 1994, 21-57

Sully, Untersuchungen über die Kindheit. Leipzig 1897

Teumer, J.: Die sogenannte Denhardt-Gutzmann-Kontroverse: Auslöser, Abläufe und Bewertungen. In: Teumer, J.: Zum Beispiel Albert Gutzmann. Leben und Wirken eines bedeutenden Gehörlosen- und Sprachheilpädagogen. Berlin 1997, 143-155

Tromnau, F.: Das Königsberger Schulwesen. In: Festbuch für die Deutsche Lehrerversammlung in Königsberg i. Pr. 1904, 1-98

Tromnau, F.: Die Entwicklung des städtischen Schulwesens. In: Rhode, P. (Hrsg.): Königsberger Stadtverwaltung einst und jetzt. Königsberg i. Pr. 1908, 168-198

Tromnau, F.: Das Hilfsschulwesen in Königsberg i. Pr. In: Werhahn, A. (Hrsg.): Deutsche Hilfsschulen in Wort und Bild. Halle a. S. 1913, 181-188

Trüper, H., Trüper, I.: Ursprünge der Heilpädagogik in Deutschland: Johannes Trüper – Leben und Werk. Stuttgart 1978

Trüper, J.: Ein Knabe mit Sprechhemmungen auf psychopathischer Grundlage. Die Kinderfehler 2 (1897), 138-143

Trüper, J.: Das Erziehungshaus Sophienhöhe bei Jena in Thüringen. Langensalza 1898

Trüper, J.: Das Erziehungshaus und Jugendsanatorium auf der Sophienhöhe bei Jena und seine Beziehungen zu den Unterrichts- und Erziehungsfragen der Gegenwart. Langensalza 1911, 10. Aufl.

Universitätsstudium der Lehrer. I. Verordnung betreffend Zulassung von Volksschul-(Mittelschul-)lehrern und -lehrerinnen zum Studium an den preußischen Universitäten. Lehrerzeitung für Ost- und Westpreußen 50 (1919), 483-486

Verwaltungsbericht: Bericht über die Verwaltung und den Stand der Angelegenheiten des Provinzialverbandes der Provinz Ostpreußen für das Kalenderjahr 1892. In: Verhandlungen des 17. Provinziallandtages der Provinz Ostpreußen. Königsberg 1893

Verwaltungsbericht: Bericht über die Verwaltung und den Stand der Angelegenheiten des Provinzialverbandes der Provinz Ostpreußen für das Kalenderjahr 1900. In: Verhandlungen des 25. Provinziallandtages der Provinz Ostpreußen vom 22. bis 28. Februar 1900. Königsberg 1900

Verwaltungsbericht: Bericht über die Verwaltung und den Stand der Angelegenheiten des Provinzialverbandes der Provinz Ostpreußen für das Kalenderjahr 1909. In: Verhandlungen des 34. Provinziallandtages der Provinz Ostpreußen vom 25. Februar bis 1. März 1910. Königsberg 1910

Verwaltungsbericht: Bericht über die Verwaltung und den Stand der Angelegenheiten des Provinzialverbandes der Provinz Ostpreußen für das Kalenderjahr 1910. In: Verhandlungen des 35. Provinziallandtages der Provinz Ostpreußen vom 3. März bis 7. März 1911. Königsberg 1911

Verwaltungsbericht des Provinzialverbandes Ostpreußen für die Kalenderjahre 1916 und 1917. In: Verhandlungen des 43. Provinziallandtages der Provinz Ostpreußen vom 5. März bis 7. März 1918. Königsberg 1918

Verwaltungsbericht des Provinzialverbandes Ostpreußen für das Kalenderjahr 1919. In: Verhandlungen des 46. Provinziallandtages der Provinz Ostpreußen vom 19. bis 24. April 1920. Königsberg 1920

Verwaltungsberichte der Stadt Königsberg der Jahre 1903/1904, 1905/ 1906, 1908, 1909, 1911, 1912, 1913/1920, 1921, 1922, 1923, 1924, 1925, 1926, 1927, 1928, 1929, 1930, 1931, 1932, 1933, 1934

Vogt, H.: Die medizinische Universitätsklinik zu Königsberg/Preußen. In: Hensel, J.: Medizin in und aus Ostpreußen. Nachdrucke aus den Rundbriefen der „Ostpreußischen Arztfamilie" 1945-1995. Starnberg 1996, 275-286

Das **Volksschulwesen** der Regierungsbezirke Königsberg und Allenstein im Lichte der Statistik. Lehrerzeitung für Ost- und Westpreußen 45 (1914), 30

Die **Volksschule** in Ostpreußen. Neue Sammlung der bezüglichen Verordnungen der Königlichen Regierung zu Königsberg, Gesetze und wichtigsten Erlasse höherer Schulbehörden. Königsberg 1892

Wängler, H.-H.: Atlas deutscher Sprachlaute. Berlin 1981

Weniger, D.: s. Poeck, K.

Wernicke, C.: Der aphasische Symptomencomplex. Breslau 1874

Wernicke, C.: Die neueren Arbeiten über Aphasie. Fortschritte der Medicin 3 (1885), 824-830

        4 (1886), 463-482

        4 (1886), 371-377

Zentralinstitut für Erziehung und Unterricht (Hrsg.):

Zehn Jahre Zentralinstitut für Erziehung und Unterricht 1915-1925. Berlin o.J.

Zweigstelle Königsberg des Seminars für Sprechkunde (phoniatrisches Seminar) in Berlin. Lehrerzeitung für Ost- und Westpreußen 53 (1922), 243 u. 549